Le tourisme vert

ROGER BÉTEILLE

Professeur à l'Université de Poitiers

DU MÊME AUTEUR

Dans la collection « Que sais-je ? » :
La crise rurale, 1994 (n° 2914).

Chez d'autres éditeurs :
La France du vide, Litec, 1981.
La population et le social en France, Ellipses, 1986.
La Charente, Privat, 1994.

ISBN 2 13 047691 0

Dépôt légal — 1re édition : 1996, juillet

© Presses Universitaires de France, 1996
108, boulevard Saint-Germain, 75006 Paris

INTRODUCTION

Les communes rurales regroupent 52 % de la capacité d'hébergement touristique de la France. Par contre, les 370 millions de journées de vacances et de courts séjours qui s'y localisent, ne représentent que 26 % de la fréquentation globale et n'assurent que 20 % de la consommation touristique nationale. La valorisation ludique de l'espace rural peut donc être sensiblement améliorée, d'autant que l'avenir à moyen terme semble assez favorable aux campagnes. Elles devraient en effet bénéficier de la modification en cours de la demande de loisirs :

— Augmentation du taux de départ en vacances (61 % aujourd'hui) et de la mobilité annuelle (37,5 % des Français souhaiteraient au moins trois séjours hors de chez eux) ;
— Gonflement progressif des budgets vacances et utilisation toujours plus répandue de la voiture personnelle comme moyen des déplacements récréatifs ;
— Possibilité de développer la clientèle européenne, qui actuellement ne dépasse pas 25 % de la fréquentation ;
— Préjugé favorable de l'opinion publique en faveur de la campagne.

Par ailleurs, le tourisme suscite un intérêt renouvelé parmi les ruraux, les responsables et les acteurs de l'aménagement du territoire :

— Il apparaît d'abord comme l'un des éléments majeurs de la pluriactivité reconnue des agriculteurs et de la diversification de leurs revenus ;

— Le tourisme constitue l'une des composantes du développement local admises par tous, car il est censé créer des emplois permanents ou saisonniers ;

— Le tourisme rural est aussi un moyen de lutter contre la désertification ou l'enfrichement, dans la mesure où il exige une conservation ou une protection des paysages. Il peut également se développer dans les zones très peu peuplées en association avec des activités ultra-extensives comme l'exploitation cynégétique ou l'aquaculture intérieure.

En 1995, le tourisme vert tend à devenir une véritable activité économique et les exigences de confort et de services de qualité nouveaux se précisent. La nécessité d'une indispensable « professionnalisation » est admise par tous les acteurs qui cherchent à définir des produits touristiques adaptés aux clientèles de la société urbaine contemporaine, française ou étrangère.

Cependant, selon les populations et les espaces concernés, des nuances existent :

— Le *tourisme rural,* dénomination la plus large, regroupe toutes les activités de récréation et le séjour hors des villes, intéressant environ 85 % du territoire national. Des ambiguïtés de définition subsistent lorsqu'on considère par exemple les loisirs périurbains ou la montagne. Dans cette dernière, à moyenne et basse altitude, les réalités du tourisme ressemblent fort à celles de la campagne proprement dite, notamment lorsque le manque chronique d'enneigement réduit la place de la saison de ski ;

— L'expression *tourisme vert* fait référence aux valeurs de nature et de paysage et désignerait donc plus directement la fréquentation des espaces ruraux éloignés des villes ;

— *L'agritourisme* concerne plus spécifiquement les agriculteurs offrant chambres d'hôtes, gîtes ou cherchant une ressource principale ou d'appoint dans une ferme équestre, dans la création d'un parcours de pêche, d'un parc animalier local, etc.

Chapitre I

DE LA CAMPAGNE REPOUSSOIR
A LA VOGUE DU TOURISME VERT

Pendant très longtemps le monde rural a été chargé de valeurs négatives sur le plan ludique, aucune des images qui s'y rattachaient n'incitant les premiers touristes à y séjourner longtemps.

Le milieu paysan continuait d'être perçu sur le mode misérabiliste, l'image de routine et de pauvreté historique (tableaux de Le Nain) ayant été cependant complétée au siècle dernier par la mise en exergue de la « grandeur » du travail rustique (romans régionalistes, œuvres picturales comme *l'Angélus* de Millet).

L'espace rural semblait cantonné dans ses fonctions de production agricole et nul ne pensait alors qu'il était porteur de potentialités touristiques.

Les paysages naturels ou humanisés restaient souvent perçus comme peu attrayants, voire repoussants (thème de la Nature « sauvage »).

Dans ce contexte de valeurs admises les seuls centres d'intérêt touristiques des campagnes se limitaient à quelques « curiosités » et monuments.

I. — Les premières formes de loisirs en milieu rural

Durant tout le XIXe siècle on assiste à une véritable découverte de la campagne française par les cercles intellectuels.

— Les auteurs célèbres (Balzac, Hugo, Michelet) et de nombreux littérateurs de moindre renom publient récits et réflexions sur les paysages et les mœurs rustiques, qui sont appréciés par la bonne société. Les campagnes gagnent ainsi une sorte de dignité littéraire. De plus des « voyageurs », comme Ardouin Dumazet, explorent de façon détaillée les cantons isolés.

— Les géographes (Joanne, Reclus) diffusent des sommes de connaissances nouvelles, accréditant l'idée que la France mérite d'être connue « scientifiquement ».

— Les peintres rendent célèbres certains paysages ou certains thèmes ruraux.

Peu à peu se constitueront les premiers flux de visiteurs allant des monuments aux sites naturels et créant ainsi le *tourisme de passage*.

La fréquentation du sud du Massif central dans l'entre-deux-guerres procède de cette curiosité à l'égard de quelques lieux, tandis que l'ensemble du territoire est dédaigné. Ainsi l'abbatiale de Conques (Aveyron) fut « découverte » par P. Mérimée, auteur à la mode et inspecteur des monuments historiques. Plus au sud les avens et les grottes des Grands Causses bénéficièrent de l'esprit d'entreprise de leurs « inventeurs », en particulier de Martel et de ses successeurs, accédant à une notoriété nationale (Aven Armand, Dargilan, Padirac).

Mais dans le même temps émergèrent d'autres pôles d'attraction : les lieux de pèlerinage anciens (Auray en Bretagne) ou nouveaux, autour du culte marial ; les multiples petites stations thermales ; les étapes gastronomiques locales, vantées dans le *Michelin*.

Par ailleurs certaines campagnes ayant très tôt alimenté une émigration vers les grandes villes, dont Paris, voient leurs « enfants » les plus prospères édifier de nombreuses « villas » de vacances ou de retraite, par exemple en Auvergne ou en Bretagne. En Aubrac les

Trains Bonnet affrétés par le journal *L'Auvergnat de Paris,* ramènent les premiers estivants au « pays natal ».

L'apport de ces flux isolés ou sporadiques à l'espace rural apparaît alors très ponctuel. Les équipements hôteliers de quelque densité se rattachent aux curiosités exceptionnelles comme les Gorges du Tarn ou les Monts d'Auvergne, d'ailleurs surtout connus pour leurs sources thermales. Les auberges rurales et les hôtels de Préfecture des petites bourgades attirent peu de touristes.

L'avènement des congés payés provoqua un accroissement incontestable de la fréquentation récréative des zones rurales. Celle-ci va se trouver chargée de valeurs idéologiques nouvelles, dont certaines subsisteront, affichées ou plus confuses, jusqu'à nos jours :

— L'idée du rapprochement des ouvriers et des paysans est en rupture avec le mépris séculaire pour l'obscurantisme de la population agricole ;
— La fierté nationale autour du thème de la « Belle France » ;
— La tradition hygiéniste trouve un nouveau champ d'application : aérer les couches populaires citadines, tenter de faire pénétrer un idéal d'hygiène dans les campagnes françaises, jugées attardées sur ce plan.

Plus tard, autour de 1950, le développement touristique sera englobé dans les idées fortes du mouvement ruraliste. Trois thèmes neufs émergent :

— Celui de l'apport économique du tourisme, notamment pour les petits exploitants ;
— Celui de la réhabilitation du bâti rural qu'il permettrait ;
— Enfin celui du contrôle du développement touristique par les agriculteurs qui doivent rester maîtres de cette ressource naissante.

9

Cependant les pouvoirs publics ne considèrent pas encore le tourisme rural comme un élément de l'aménagement du territoire. Seules quelques personnalités pionnières pressentent certaines potentialités. Ainsi Pleven en Bretagne ou H. Queuille en Limousin créent les premiers plans d'eau ou accueillent quelques maisons familiales ou villages de vacances.

II. — Le développement
du tourisme rural contemporain

Dans la décennie 1960-1970 on est passé d'un séjour spontané ou sporadique des citadins dans les campagnes à une valorisation d'un mythe néo-ruraliste et d'une naturophilie de plus en plus présente dans la société française, pour aboutir à une véritable vogue des *vacances vertes.*

En quelques années le tourisme rural est apparu comme un support non négligeable de l'activité économique de certains départements.

— Avant 1960 les séjours des citadins à la campagne se révélaient essentiellement familiaux, correspondant le plus souvent à un retour estival des émigrés, grâce à la vulgarisation progressive de la voiture individuelle. Ce début de massification provoquait peu de dépenses, du fait de la prédominance de l'hébergement gratuit des estivants et de la rareté des achats ou des restaurations de résidences secondaires.

— A partir de 1960 et surtout de 1965 l'espace rural devient un gisement de loisirs, encore inégalement développé il est vrai.

On assiste d'abord à l'élaboration d'un discours sur l'attrait récréatif de la campagne et à l'apparition de motivations socio-psychologiques nouvelles dans la société urbaine, notamment parmi les salariés moyens du tertiaire.

Ensuite interviennent des acteurs très diversifiés, qui vont tenter d'organiser la demande. Par exemple, les grandes associations du tourisme social implantent dans les moyennes et petites communes des capacités d'hébergement importantes : maisons familiales, villages de vacances (VAL, VVF) centres pour enfants et adolescents, campings associatifs.

Le concept des «vacances vertes» devient porteur et déclenche un foisonnement d'initiatives individuelles et collectives, multipliant les formules d'accueil et les activités censées rompre avec le «bronzer idiot» des plages (vacances en roulottes, randonnées équestres, pêche, etc.).

Enfin, apport fondamental de cette période, les milieux agricoles s'impliquent activement dans la valorisation ludique de l'espace rural. Les grandes organisations professionnelles (Chambres d'agriculture, FNSEA, CNJA) intègrent l'agritourisme dans leur réflexion. De la même façon se multiplient les associations locales, régionales ou nationales se proposant de promouvoir les loisirs à la ferme : d'abord en aidant les agriculteurs à créer un hébergement ou un service à caractère touristique ; ensuite en lançant des stages d'artisanat d'art ou d'initiation à la Nature, s'appuyant sur la location de meublés, l'ensemble étant proposé aux candidats vacanciers comme un «produit» typiquement rural et innovant.

Cette première mobilisation en faveur du tourisme vert a abouti à une fréquentation importante de l'espace rural, avec une domination très prononcée de la saison estivale. Cependant, seules des zones restreintes ont pu en tirer une véritable ressource économique. On observe qu'elles se rattachent en fait aux principaux gisements touristiques de l'Hexagone : arrière-pays du littoral atlantique ou méditerranéen, montagne, couloirs de circulation (Ardèche, Lubéron, proches du Rhône). Par contre, les campagnes isolées ou les secteurs sans grande personnalité physique ne bénéficient que d'une fréquentation très diffuse.

Par ailleurs, vers 1980 le tourisme rural ne semble pas s'être octroyé une place stable, à côté des autres types de vacances. Après une période d'euphorie, autour de 1975, on constate un plafonnement incontestable de toutes les activités ludiques campagnardes. Les deux destinations principales : mer et montagne, totalisaient 47,8 % des journées de congés d'été en 1968. Elles atteignent 62 % en 1985. La campagne pour sa part a chuté de 35 % à 26,5 %.

D'autre part, la valorisation récréative de l'espace rural est restée empirique et ambiguë. Bien souvent on s'est contenté d'exploiter une naturophilie latente, sans mettre en place une véritable activité économique rentable. En effet, durant trois décennies d'expansion, puis de stagnation (1960-1990) les thèmes mobilisateurs correspondent à ce que certains ont appelé un « tourisme de cueillette » :

— Le concept général de Nature, opposé à la concentration ou au béton citadins ;
— Le vert et l'eau, qui pouvaient satisfaire la clientèle familiale des randonneurs et des pêcheurs populaires ;
— Les attraits climatiques, dans les régions méridionales ;
— Le calme et le repos, correspondant au peu d'exigences des premiers « aoûtiens » des années 1970 ;
— L'insolite et l'authentique, sur fond de passé et de curiosités naturelles (Aven Armand : 180 000 entrées).

Par ailleurs, après l'enthousiasme initial, les milieux agricoles ont adopté une attitude beaucoup plus sceptique envers l'accueil et l'hébergement. Ainsi le recensement de l'Agriculture de 1988 n'a dénombré que 12 000 exploitations déclarant officiellement des revenus touristiques, chiffre qui représente à peine 2 % du total des exploitants, contre 4 % chez les agriculteurs allemands, 7 % en Angleterre, 10 % des Autrichiens et près de 20 % des fermiers suédois.

III. — Un espace touristique à part entière

L'année 1991 a marqué un nouveau tournant pour le tourisme rural, grâce à un regain d'intérêt incontestable de la part d'une clientèle qui semble de plus en plus diversifiée. Depuis lors l'embellie s'est confirmée, l'accueil en chambre d'hôtes progressant rapidement dans plusieurs régions, alors que l'hôtellerie classique voit les séjours stagner. De la même façon on assiste à une recrudescence de la fréquentation des arrière-pays et des zones rurales profondes, même si les littoraux restent la destination estivale dominante.

Tableau. — **Les destinations de vacances en France en 1993** (en % des journées)

	Année	*Été*	*Hiver*
Campagne	25,4	15,3	28,2
Mer	36,9	46,7	19,1
Montagne	22,1	8,6	34,2
Ville	11,4	23,9	16,5
Circuit	4,2	5,5	2,0

L'analyse des statistiques officielles de la répartition géographique de la fréquentation montre une diminution de la part relative de la campagne sur le long terme, même si le total des journées-vacances qui y ont été comptabilisées a nettement augmenté du fait de la progression spectaculaire de l'ensemble des déplacements de loisir.

Si l'on se réfère aux chiffres des années 1980-1990, c'est l'été qui impose la concurrence la plus sévère entre l'espace rural et les autres lieux de vacances. Or l'image admise généralement est plutôt celle d'une diffusion des estivants partout dans les campagnes, y compris dans les plus petites communes. Pourtant en 1989 encore leur part propre des séjours estivaux atteignait 23,4 %. En fait, la chute constatée traduit un changement sensible des pratiques ludiques des Français et des étrangers présents dans notre pays à la belle saison. La ville, les circuits organisés ont pris une place inattendue, tandis que les littoraux continuent de séduire beaucoup d'estivants. Cependant, les chiffres les plus généraux comportent aussi un autre paradoxe : pendant l'hiver l'espace rural maintient son poids par rapport aux autres destinations, en particulier vis-à-vis de la montagne. Ce qui permet sans doute d'envisager la mise en place de formules d'accueil nouvelles, à côté des simples retours épisodiques des citadins dans leur famille.

Même si les statistiques relativisent le renouveau du tourisme vert, constaté depuis quelques années, celui-ci paraît incontestable. Il s'explique par trois types d'évolutions, marquant à la fois l'espace rural et ses clientèles potentielles.

— La nécessité plus forte pour les agriculteurs de trouver des revenus complémentaires ou d'organiser une pluriactivité permettant de pallier le tassement des bénéfices agricoles. Ce besoin semble relayé par la volonté des responsables politiques et professionnels de l'agriculture, qui reconnaissent au tourisme un véritable intérêt économique et qui veulent être partie prenante. *Le tourisme en milieu rural, peut-être plus qu'ailleurs, est une activité marchande qui doit s'appuyer sur une approche marketing rigoureuse,* écrit par exemple la cellule spécialisée du ministère de l'Agriculture.

— Les mutations récentes de la clientèle potentielle, provenant de plus en plus des catégories moyennes supérieures de la société française et de l'Europe riche. Les nouveaux estivants ruraux paraissent disposer de ressources beaucoup plus élevées que celles de leurs prédécesseurs des années 1960.

La composition sociologique des séjournants recensés par les structures *pays d'Accueil* s'établit comme suit (en %) :

Cadres et enseignants	26,7
Employés	25,1
Professions intermédiaires	19,4
Ouvrier	10,7
Retraités	11,7
Artisans, commerçants	5,5
Agriculteurs	0,9

— La modification de la pratique des loisirs, un certain étalement des vacances, l'allongement des congés d'hiver, la multiplication des départs annuels doivent en principe jouer dans un sens favorable aux campagnes.

IV. — **Les caractères touristiques spécifiques des espaces ruraux européens**

Les campagnes des pays fortement urbanisés présentent des conditions géographiques sensiblement différentes de celles de leurs homologues français, marquées par une densité faible, la dispersion de la population et, donc, par une espèce de dilution du flux touristique dans un espace plus vaste et plus difficile à équiper.

Les clientèles citadines de l'Europe urbanisée semblent assez facilement mobilisables, du fait de leur concentration et de leur proximité. En effet les campagnes, anglaises, allemandes, néerlandaises bénéficient du voisinage immédiat des agglomérations. Un rayon de 100 km par exemple balaie une population importante, que les réseaux routiers denses rendent plus proche encore. Les échelles de distance apparaissent donc très favorables.

On peut également remarquer la présence de nombreuses frontières, traditionnellement très perméables, leur passage restant cependant un élément de dépaysement ou offrant des opportunités ludiques diverses : achats valorisant les disparités de change ou de taxation, périples gastronomiques, etc. Ainsi les milieux ruraux de chacun de ces pays bénéficient régulièrement du passage ou du séjour d'étrangers.

Les populations de l'Europe urbaine, le plus souvent sans racines rurales directes, sont disposées à accorder à la campagne une dimension insolite, hors de l'ordinaire quotidien, qui ne peut qu'être favorable à des déplacements récréatifs. Les réalités les plus banales comme les techniques agricoles, la vie des animaux, prennent donc une valeur particulière, à la fois aux yeux des enfants et des parents. L'espace rural apparaît donc comme pouvant être l'objet d'une véritable *découverte* et pas seulement comme le support d'un simple *retour* dans un cadre plus ou moins connu.

Cette disponibilité des touristes potentiels à l'égard des campagnes et de la Nature peut laisser espérer que l'espace rural français captera une partie des flux issus des grandes concentrations urbaines, puisque les taux de départ à l'étranger durant les vacances d'été augmentent chez nos voisins.

Taux de départ à l'étranger des estivants européens (en %)

Belgique	56	Italie	13
Danemark	44	Luxembourg	94
Espagne	8	Pays-Bas	64
France	16	Portugal	8
Grèce	7	ex-RFA	60
Irlande	51	Royaume-Uni	35

Chapitre II

LA VALORISATION TOURISTIQUE
DES PAYSAGES RURAUX

Le paysage touristique met toujours en jeu une part de représentation mentale et de sensibilité. Il est *pré-senti* avant le départ ; puis, sur place, il est *regardé* et *senti,* sous l'influence de conceptions personnelles ou collectives, d'origine culturelle, esthétique, sociale, etc.

Le paysage du touriste apparaît donc très largement comme celui d'un *espace mythique,* dont les valeurs reconnues ont varié selon les époques : le « grandiose », le « loisir conquête des travailleurs », les « vacances libératrices », l'hédonisme exacerbé de la société de consommation contemporaine.

Le mode de transmission du mythe joue aussi un grand rôle : autrefois les récits et la littérature, les guides dans l'entre-deux-guerres *(Michelin, Guide Bleu),* les mass média aujourd'hui, tous ces vecteurs contribuant à uniformiser les concepts ludiques :

— Les sites naturels ou monumentaux ne deviennent des *gisements touristiques* que s'ils peuvent attirer et supporter ensuite une fréquentation massive ;
— Les professionnels du tourisme savent « inventer » en permanence de nouveaux espaces de récréation, fondés ou non sur le paysage.

Le « produit touristique » est constitué par la juxta-position de trois éléments :

— Une image positive, préexistante ou « fabriquée » du lieu de vacances ;
— Des équipements de récréation et d'hébergement adaptés à chaque demande spécifique, qu'on peut en fait créer n'importe où, sans que le cadre physique soit très contraignant ;
— Des facilités d'accès au moindre coût.

Depuis quelques années, les responsables des régions rurales font des efforts pour *vendre* des formules d'accueil de type *tout compris,* parfois proposées en agence, oubliant ainsi la tonalité de contre-culture qu'avait prise le premier tourisme rural.

La valorisation touristique des campagnes doit se situer entre deux motivations contradictoires :

— Conserver une clientèle réduite d'initiés, généra-trice de revenus modestes et profitant à une mino-rité de ruraux ;
— Développer une fréquentation beaucoup plus mas-sive, constituant une véritable ressource nouvelle, mais avec les dangers de banalisation et de massifi-cation, difficiles à maîtriser.

I. — La « touristicité » : approche générale

Les années 1960-1980 ont connu une explosion de la fréquentation touristique et sa généralisation à la fois à toutes les couches de la société et à des espaces de plus en plus étendus et variés, dont le territoire rural. Celui-ci a ainsi gagné une touristicité tout à fait inattendue.

Cependant, cette dernière n'échappe pas aux concepts ludiques des sociétés modernes, les sites ou les paysages naturels et humanisés des campagnes étant désormais perçus à travers un *filtre perceptif.* Interviennent les principaux mythes socio-mentaux actuels, comme l'idée du bonheur et du bien-être de

l'oisiveté vacancière, celles de la Nature ou l'héliotropisme des temps de loisir.

Déjà d'ailleurs, les sociologues de l'émigration rurale
(M. Vincienne par exemple) avaient bien souligné les changements d'attitude des migrants, face à leur milieu d'origine. Avant
leur départ ils le percevaient comme le cadre de tensions familiales et comme un lieu d'enfermement culturel et social. Après
plusieurs années d'existence citadine, il devient au contraire un
espace-refuge, où on peut retrouver les activités de Nature et des
loisirs faisant oublier les sujétions du passé.

Les supports paysagers réels ne sont donc qu'un élément parmi d'autres du choix de déplacement ludique
des individus, désormais souvent conditionnés par des
valeurs d'*imitation,* dont les normes culturelles véhicu-
lées par les médias accentuent l'importance, tout
comme le font les processus de commercialisation des
vacances.

Ainsi le loisir doit apporter au consommateur une
intégration à une activité valorisante, riche d'une
image positive et d'un fort « marquage social » qui lui
permet de se sentir pleinement estivant ou vacancier
pendant la durée des congés annuels. Le lieu de son
séjour doit aussi le positionner favorablement dans son
entourage professionnel ou auprès de ses proches.

L'élévation continue du niveau de vie des pays européens et de la France a élargi considérablement l'effectif
des catégories susceptibles de voir naître en elles une
mythologie autour de la récréation, puis de la traduire
en déplacements et en dépenses de loisir. En relation
avec ces comportements individuels prenant une dimension de phénomène collectif, les professionnels du tourisme ont d'abord tenté de mobiliser les catégories les
plus disponibles en « segmentant » leurs marchés.

La première segmentation a été géographique, les
tour operators s'efforçant de conquérir en priorité la
clientèle des plus grandes villes. Aujourd'hui la défini-

tion des cibles commerciales du tourisme semble de plus en plus catégorielle, pour adapter au mieux le produit ludique à son consommateur potentiel : le Troisième Age en intersaison, les cadres ou les professions libérales pour les destinations lointaines, les jeunes pour les voyages très bon marché, etc.

Ces mécanismes modernes de valorisation touristique ne se sont appliqués à l'espace rural que de manière diffuse, souvent ambiguë, même s'il paraît évident que l'augmentation brusque de la demande, dans les années 1960, a provoqué une irruption inattendue d'estivants dans les campagnes, par un simple effet de trop-plein. Puis, lorsque y passer ses vacances devient une mode, en contre-culture par rapport aux schémas ludiques de masse, une récupération de type commercial se produit. L'Irlande, par exemple, réussit à se forger une image de pays touristique en utilisant méthodiquement le mythe du « pays vert », du calme, de la tranquillité rurale et du contact avec une nature préservée, ceci dès 1970.

La touristicité d'un site dépend largement de l'intervention d'un *médiateur,* qui le fait connaître. Ainsi les émissions de la télévision sur le Catharisme *(Les citadelles du vertige)* ont déclenché une ruée vers les pays cathares de la montagne Noire, de l'Aude et des Pyrénées. De même l'émergence de l'Ardèche dans certains cercles intellectualo-contestataires après Mai 1968 a « lancé » ce département, tandis que le canyon ardéchois devenait la « Mecque » du canoë-kayak, attirant une autre clientèle, très typée elle aussi.

Cependant, il convient d'analyser avec lucidité la capacité attractive de l'espace rural qui, dans beaucoup de régions, pâtit en particulier de très forts contrastes saisonniers de fréquentation.

Le concept de vocation touristique rurale apparaît finalement complexe, mettant en jeu des facteurs locaux, dont il est relativement rare qu'ils jouent ensemble dans le même sens :

— L'existence d'une « richesse » touristique reconnue : site naturel majeur, monument ou paysage de moindre notoriété. A cet égard, la perception des espaces ruraux par les professionnels du loisir se révèle souvent convenue, comme en témoigne par exemple une analyse détaillée des guides et des plaquettes publicitaires.

Un soin très attentif doit donc être apporté à la rédaction des textes de promotion, pour tenter de sortir de ces poncifs et susciter la curiosité ou l'intérêt d'une clientèle en quête d'authentique, d'identité, de découverte de la vie actuelle, d'activités mobilisatrices et de rapports conviviaux.

— Un effort de communication important, dont les initiatives micro-locales dispersées demeurent incapables.

— La présence d'une population motivée par le développement touristique, ce que la démographie vieillissante des communes n'autorise pas toujours, loin s'en faut.

II. — **La valorisation touristique des campagnes**

Dans les années 1960 la première valorisation ludique de l'espace rural se situe dans un contexte de naturophilie inconditionnelle.

Cependant, on peut souligner l'ambiguïté de tout ce mouvement, qu'on retrouve dans les représentations collectives autour du tourisme vert. En effet, cette redécouverte du naturel et du rural s'est faite dans des cercles plutôt « intellectuels » qui abordaient les campagnes avec une approche nourrie d'idéologies diverses. En Aveyron, par exemple, les stages d'artisanat d'art des « vacances insolites », organisés dès 1962, attirèrent une écrasante majorité d'enseignants et de cadres moyens.

Autre élément d'ambiguïté : ce retour au vert est d'origine citadine et il suppose que l'espace rural se trouve désormais au service des besoins urbains, qu'ils soient récréatifs ou non.

1. **Paysage rural et paysage touristique.** — Le postulat de la valeur récréative de tout paysage campagnard n'est pas vérifié, même si la naturophilie ambiante tend à opposer l'image fondamentalement favorable du rural à celle, négative, de l'urbain et du « béton ». Relevons quelques situations typiques :

— Les paysages agricoles modelés par les techniques culturales actuelles, notamment en production végétale de masse, apparaissent d'une uniformité désolante pour le visiteur. De la même façon les bâtiments d'élevage fonctionnels constituent d'incontestables verrues paysagères.

On pourrait donc penser que certaines formes modernes d'agriculture sont incompatibles avec une réelle valorisation touristique.

— A l'inverse, l'enfrichement, spontané ou organisé par l'application de la PAC, risque de rendre impraticables de vastes portions du territoire rural.

— Il existe en outre des paysages qui se dégradent très vite, sur lesquels le temps peut avoir des effets très rapides : forêt méditerranéenne, zones humides, bassins torrentiels, villages en voie d'abandon.

— On évoquera enfin les conséquences de la pression touristique elle-même. Dans certains espaces les seuils de surfréquentation et de saturation sont facilement atteints, qu'il s'agisse de la simple surpopulation de certains lieux durant le week-end ou en été, ou de dégradations écologiques. Ainsi les ramasseurs de myrtilles et de framboises deviennent tout aussi indésirables en Lozère que les amateurs forcenés de champignons en Limousin ou en Haute-Provence.

Mais, globalement, le paysage rural français est ressenti comme possédant une valeur ludique latente. Cet *a priori* favorable résulte :

— De l'enracinement rural de nombre de citadins, qui peut disparaître chez les jeunes générations ;
— Des archétypes paysagers véhiculés par une longue tradition littéraire (le Berry de Georges Sand, la Touraine de Balzac, la Provence de Giono) ;
— De la place des scènes rurales dans la peinture (la Bretagne de l'École de Pont-Aven, la Normandie des Impressionnistes, le Midi ensoleillé de Cézanne) ;
— Du traitement photographique et cinématographique du thème rural (de la carte postale des « curiosités » locales au nombreux films populaires) ;
— De l'émergence récente du concept écologique comme science ou mouvement de protection à connotations morales ou politiques.

La promotion touristique des paysages locaux consistera donc à valoriser leurs particularités, en mobilisant cet ensemble culturel diffus, mais en jouant sur un registre adapté aux visiteurs potentiels : Français ou étrangers, ces derniers étant très sensibles aux préoccupations écologiques. On estime par exemple que la population allemande peut nourrir un flux de 40 à 50 000 consommateurs de produits récréatifs « ciblés Nature » (découverte des milieux à protéger, avifaune, animaux en voie de disparition, circuits botaniques, etc.).

Cependant les choix en matière de conservation des paysages ruraux ne sont pas faciles. Quels types d'unités doivent être impérativement sauvegardées :

— Les secteurs de Nature « sauvage » ;
— Les paysages humanisés, agricoles par exemple ;
— Les paysages « produits » par l'aménagement ou la promotion touristique ?

Une autre question importante est celle de l'évaluation objective des potentialités récréatives et de l'attrait sur le visiteur existant ou potentiel. Les acteurs locaux des projets touristiques portent le plus souvent des jugements de valeur personnels sur la vocation ludique des terroirs, du bâti, du cadre paysager de leurs initiatives. Cependant, les spécialistes s'efforcent de procéder à des évaluations plus objectives de ces aptitudes, selon trois types de méthodes :

— Jugement par un jury externe, qui note le site à promouvoir par rapport à des lieux touristiques proches ou similaires, connus du public ;
— Inventaire analytique des éléments indispensables à une fréquentation suivie : relief, monuments, végétation, points de vue, etc. ;
— Analyse fine des unités paysagères au niveau local (M. Périgord, *Les paysages du bassin de Brive vus par un géographe*, Limoges, Lemouzi, 1995).

2. **Climat et tourisme rural.** — L'appréciation subjective portée sur le climat local ou régional est un élément décisif du choix du lieu de vacances avant le départ, puis de la durée du séjour du visiteur :

— Du fait de la fréquence du camping parmi les modes d'hébergement ;
— Du fait de la place que tiennent les activités de plein air dans les distractions quotidiennes ;
— Du fait, enfin, de l'absence de loisirs de substitution dans beaucoup de zones rurales.

Par ailleurs, la perception du « temps des vacances » obéit à un certain nombre de stéréotypes :
— L'héliotropisme, voire l'héliomanie, ont imposé la *brunitude* en tant qu'élément de bien-être et de satisfaction au sujet des vacances. Or, beaucoup de secteurs intérieurs ne peuvent rivaliser avec le bord de mer pour assurer celle-ci.

Il peut donc être opportun de définir un argumentaire promotionnel, fondé sur la différence et la spécificité des bienfaits du séjour rural : air pur, tonique, calme, non pollution, en adaptant chacun de ces thèmes aux particularités du microclimat local.
— On a utilisé le concept de « paysage climatique », le touriste abordant chaque région avec des schémas mentaux préétablis (qu'il traduit par exemple lorsqu'il choisit des cartes postales : neige ou vert en montagne, soleil brillant dans le Midi).

24

Le temps « vécu » du touriste se révèle donc très particulier, différent de celui de l'agriculteur ou de celui de la population locale en général.

L'image intériorisée du climat constitue un élément fondamental de l'opinion, positive ou négative, du touriste potentiel ou déjà installé depuis quelques jours. Ainsi, les durées d'ensoleillement des pays charentais équivalent statistiquement à celles de la Provence, voire de la Côte d'Azur, alors que le littoral atlantique et, plus encore, son hinterland rural ne sont pas perçus comme des héliozones, au même titre que les campagnes azuréennes.

III. — Types d'espaces ruraux et valorisation ludique

Les aptitudes des campagnes en matière d'accueil touristique apparaissent très inégales et très variées.

— Les espaces périurbains et sublittoraux subissent une pression récréative, permanente ou saisonnière, forte et peuvent souvent être considérés comme des campagnes-parcs ou de loisir sous l'emprise des agglomérations proches ou des flux touristiques de masse.

Néanmoins ces espaces sont de plus en plus marqués par la forte densité de résidences secondaires de tout standing, par la multiplication des meublés et des chambres d'hôtes ou par l'apparition de structures plus lourdes : aménagements à fins récréatives (plans d'eau, golfs par exemple), centres associatifs ou privés. Les pratiques ludiques actuelles rapprochent ce type de campagne française des ceintures d'agglomération de l'Europe du Nord, très pénétrées par les activités ludiques.

— Le rural profond connaît une accentuation et une diffusion spatiale de la fréquentation, notamment estivale, une complémentarité tourisme-agriculture s'élaborant peu à peu dans de nombreuses régions, par exemple dans le Massif central, les Pyrénées, la Bourgogne des plateaux, etc.

Cependant, ces campagnes subissent des handicaps qui obèrent leur développement touristique futur. Le plus ordinaire est celui de leur démographie, marquée par le vieillissement et la raréfaction des hommes. Si dans certains cas le thème des « grands espaces » a été utilisé comme argument valorisant, la désertification n'en constitue pas moins une limite évidente.

— D'autres campagnes enfin n'accueillent que des flux réduits d'estivants, soit que les ressources agricoles y suffisent, soit parce qu'elles ne présentent pas de séduction notable ou parce que les responsables locaux se désintéressent du tourisme.

On retrouve ici les interrogations sur la vocation touristique du milieu rural et sur l'intégration des équipements récréatifs à l'espace local, les limites étant floues entre les communes prétendant disposer d'atouts et celles qui les délaissent ou qui en sont réellement dépourvues. La demande citadine devenant plus forte, ces secteurs pourraient-ils par exemple être considérés comme des espaces-supports pour des réalisations de type « bulle ludique », « domaine » ou « club », capables de fonctionner repliées sur elles-mêmes à condition d'y amener une clientèle ? Ainsi se trouveraient valorisés des sites de plaine, proches des grandes agglomérations, l'élément déterminant étant alors le raccordement à l'autoroute ou la proximité d'un aéroport. Le desserrement des aérodromes parisiens dans un rayon d'une centaine de kilomètres, que d'aucuns préconisent, rendrait attractives les communes proches, si un investisseur projetait la création de l'une de ces unités récréatives.

On peut noter que de telles réalisations au cœur des zones rurales semblent beaucoup plus nombreuses dans les pays de l'Europe du Nord, voire en Espagne ou en Italie. Beaucoup de demeures de prestige y ont été reconverties en centres d'accueil ou de loisir, destinées à une clientèle étrangère fortunée. La chasse, des activités sportives ou culturelles à la mode fidélisent individus et groupes, augmentant la rentabilité de ce tourisme très particulier.

Chapitre III

EAU ET TOURISME VERT

I. — L'eau élément ludique fondamental

Pour le milieu rural l'eau est porteuse d'un potentiel ludique largement fondateur du touristique vert. En effet, elle est à la fois une composante dominante du cadre paysager et un support d'activités récréatives multiples.

Cependant, la valorisation touristique de l'eau se révèle plus facile si elle peut être associée, naturellement ou grâce à des aménagements, à d'autres éléments, auxquels elle se combine alors pour créer un pôle d'intérêt bien caractérisé.

— *Eau et relief.* C'est le couple le plus répandu, en particulier dans les campagnes de la basse et de la moyenne montagne. Les lacs naturels, d'origine volcanique par exemple (lacs auvergnats, d'Issarlès) bénéficient d'une fréquentation ancienne et bien établie, qu'il suffit aujourd'hui d'amplifier et de maîtriser. De la même façon les canyons et les gorges, comme les vallées de moindre ampleur, constituent des secteurs privilégiés du tourisme estival et de fixation des résidences secondaires.

La même prédilection pour les paysages grandioses et les plaisirs aquatiques a déterminé la naissance spontanée d'une fonction récréative autour des plans d'eau formés par les systèmes hydro-électriques ou d'irrigation. Enfin, en plaine, la mise en valeur ludique de l'eau semble également assez facile aux responsables locaux, puisqu'il suffit d'édifier une digue relativement modeste pour tirer parti de la moindre ondulation du terrain. Ainsi est créé à bon compte un site localement attractif.

— *Eau et espace.* Beaucoup de régions rurales disposent d'étangs, de lacs, de secteurs humides qui s'insèrent dans des forêts, des landes, des prairies faiblement occupées par l'activité économique, les formes traditionnelles d'exploitation ayant péricité ou disparu.

Dans cette configuration il convient de jouer la carte des espaces naturels « sauvages », en « réserve », en tentant de développer des formes de tourisme spécifiques : observation de la faune et de la flore, randonnées et découverte, chasse, etc.

— *Eau et activités sportives.* Les campagnes françaises valorisent encore assez mal l'exploitation touristico-sportive de leurs rivières et de leurs torrents, même si de nombreuses initiatives existent dans ce domaine.

— *Eau et culture populaire.* Les eaux de toute nature entrent fréquemment dans les traditions et le fonds culturel régional. Ainsi de nombreuses communes recèlent des sources, des lacs, des ruisseaux auxquels s'attachent des légendes, des manifestations festives, voire certaines pratiques à caractère religieux, remontant par exemple à d'anciens pèlerinages. Bien de ces aspects immatériels peuvent aujourd'hui servir de thèmes ludiques : légendes et superstitions liées aux antiques fêtes païennes, mythes des vallées aurifères, etc.

Dès le début de la massification du tourisme et de la tendance à l'uniformisation de la demande récréative des Français, les estivants ont transposé vers les eaux intérieures leur goût pour les ébats aquatiques, élaborés en bord de mer. Ainsi, dans les années 1970, des enquêtes de la SOMIVAL en Limousin mettaient les plaisirs de l'eau au premier plan des distractions de l'été (en %) :

Baignade et natation	30,9
Pêche	29,5
Voile, nautisme	10,9
Promenade	14,6
Divers	14,1

La place dévolue à la baignade n'est pas spécifique aux estivants du Limousin. Partout en France les rives des cours d'eau sont envahies par des baigneurs en quête de brunitude et de loisirs faciles. Cependant, ces plages intérieures attirent une fréquentation très inégale, dont les retombées économiques se révèlent souvent plus aléatoires encore. Quelques points essentiels déterminent le succès ou l'échec :

— L'accessibilité pour un large public, les eaux difficiles à atteindre n'intéressant qu'un nombre restreint d'individus. Dès lors l'aménagement d'aires de stationnement est nécessaire, si la fréquentation prévue est forte.

— La qualité des eaux, les pollutions d'origine agricole ou autres n'étant plus négligeables dans les campagnes françaises. Les responsables peuvent devenir l'objet de redoutables mises en cause, s'il y a accident.

— On doit également évoquer de nombreux aspects techniques, tels que la nature physique des plages, naturelles ou aménagées (granulométrie, pentes). De plus la fixité de la ligne de rivage s'impose, tout marnage notable découvrant des franges boueuses désagréables d'aspect et difficilement accessibles.

La question se pose en particulier autour des lacs de barrage d'EDF, les étés très secs obligeant celle-ci à turbiner de gros volumes et donc à abaisser intempestivement le niveau. Les dernières années sèches ont contraint les praticiens du tourisme et de la production hydro-électrique à négocier de savants compromis, dans une atmosphère parfois tendue.

— La fréquentation d'un plan d'eau ne peut être dense que si une ville importante ou moyenne existe à une cinquantaine de kilomètres au maximum. Si des équipements lourds sont envisagés, leur rentabilisation dépendra notamment des effectifs réguliers des fins de semaine.

— Enfin on évoquera le butoir climatique. Dans la moitié nord de la France, en montagne, l'eau n'atteint les températures admises pour un bon confort thermique qu'au cœur de l'été, ce qui réduit singulièrement la durée prévisible d'une forte fréquentation.

L'ensemble de ces facteurs semble rarement analysé avec lucidité par les promoteurs locaux des plans d'eau récréatifs. Bien souvent aussi on se passe d'étude de marché préalable, si bien que la création d'un étang ou d'un lac, l'aménagement des berges le long d'un cours d'eau, ressortent plus de la modification du cadre paysager local que de la mise en place d'un véritable atout touristique nouveau.

II. — Les zones humides

La France rurale recèle de multiples zones humides de toute étendue : marécages de surface modeste, sans beaucoup d'intérêt, lit majeur des rivières à faible pente, formant des rubans de « prairies », telles celles de l'Anjou ou les *prées* charentaises ; mais aussi véritables petites régions naturelles marquées par la domination ou la présence de l'eau, comme la Brenne, les Dombes, le Marais poitevin.

Dans la plupart de ces zones une vie rurale traditionnelle s'était élaborée, aboutissant à la formation de paysages particulièrement typés, dont l'étang, la *conche,* la *rigole* constituaient les éléments marquants, mais qui laissaient pourtant une place aux autres supports de l'existence locale : élevage adapté, agriculture, artisanat lié au milieu comme celui des vanniers... Or, de nos jours, ces activités archaïques ont périclité, voire disparu ; ou bien ont été remplacées par d'autres, parfois totalement novatrices, comme la culture intensive du maïs.

Le développement touristique des zones humides dépend de ces données, en apparence contradictoires : la survie des paysages traditionnels, marqués par l'extensivité et parfois l'abandon ; le maintien d'un certain peuplement, qui ne peut s'appuyer que sur des techniques modernes, plus ou moins destructrices de l'archaïsme, lequel attire les visiteurs. Deux types de situations se différencient nettement en fait :

— *Les zones humides d'économie modernisée.* Le tourisme doit s'y insérer parmi les autres activités et dans un contexte de population relativement dense.

Les Dombes offrent un premier exemple caractéristique. L'étang y reste un élément fondamental du paysage et de l'identité locale, même si les superficies employées n'excèdent guère 15 % du territoire. De faible profondeur, il enregistre quatre ou cinq mois de températures élevées, ce qui lui assure des aptitudes piscicoles exceptionnelles. Par ailleurs l'agriculture tient encore une place remarquable.

L'attrait touristique des Dombes résulte de la conjonction de plusieurs facteurs favorables, fortement valorisés par le voisinage de l'agglomération lyonnaise et par la proximité de l'axe majeur de communication Saône-Rhône.

La pêche et la chasse apparaissent en effet comme une activité ludique très ancienne, qui a bénéficié d'un regain d'intérêt avec la pénétration automobile, faisant des Dombes le territoire cynégétique des Lyonnais, voire de certains Parisiens.

Pour les mêmes raisons de proximité d'une demande urbaine intense, les résidences secondaires se sont multipliées : châteaux et demeures de prestige associées à la propriété foncière des élites lyonnaises, surtout au sud de la région ; maisons de campagne beaucoup plus populaires, disséminées dans toutes les communes, souvent en relation directe avec l'émigration rurale issue des lieux.

Enfin les Dombes ont su développer un dernier aspect attractif : celui de la protection de la Nature. Des associations et des responsables luttent pour la sauvegarde intégrale des superficies en étangs. D'autre part, les Dombes, territoire remarquable pour l'avifaune, ont créé une réserve ornithologique (Villars-les-Dombes) et un parc naturel régional, nouveaux arguments touristiques.

Aux portes de Niort, le Marais poitevin attire des flux de séjournants et de touristes considérables, le thème de la *Venise verte* ayant abouti à la création et au développement continu d'une économie touristique véritable, induisant notamment un fort volant d'emplois permanents ou saisonniers dans les embarcadères, la restauration, l'hôtellerie et le commerce villageois. Les bourgs vivent en grande partie de leurs ressources estivales.

En fait, qu'il s'agisse des Dombes ou du Marais poitevin, ce premier type de zones humides est le théâtre d'une confrontation, latente ou plus vive, entre le tourisme et les autres activités, en particulier avec l'agriculture.

Dans le marais de Rochefort, en Charente-Maritime, s'opposent ainsi agriculteurs, ostréiculteurs du littoral, qui ont besoin d'eau douce en été, et tenants du tourisme rural, partisans du maintien du paysage et des canaux.

— *Les zones humides peu utilisées* présentent une configuration assez différente, même si des tensions ont pu y surgir récemment pour le contrôle de ces vastes étendues de terre et d'eau.

La Brenne, par exemple, comporte quelque 1 200 étangs, couvrant environ 8 000 ha. Le paysage, très original, les associe aux landes, aux forêts, au bocage cultivé. Mais l'agriculture, de plus en plus concentrée en grandes exploitations extensives, se révèle plutôt en position de repli, tout comme la population résidente, caractérisée par un déclin régulier et par son vieillissement.

Dans ce contexte de délabrement démographique et de rétraction des activités traditionnelles, le tourisme semble disposer d'un champ libre, mais les initiatives ont longtemps manqué de vigueur.

Les activités récréatives demeurent très tributaires de l'atonie locale et ont du mal à se diversifier. La chasse (canard, faisan, sanglier) reste essentielle, les locations de territoires cynégétiques devenant de plus en plus fréquentes. Cependant des efforts ont été réalisés pour promouvoir un tourisme rural plus actif, notamment par la création de structures d'aménagement : syndicat intercommunal, pays d'accueil, parc naturel régional.

III. — Étangs et lacs

Les plans d'eau de taille réduite ou beaucoup plus considérable représentent un potentiel récréatif unique pour l'espace rural profond, dans lequel la majorité d'entre eux se localisent. Cependant, ils se caractérisent également par une extraordinaire variété : de leurs origines, de leurs fonctions ludiques ou autres, de leur accessibilité physique, de leur statut juridique. On distinguera par exemple :

— Les étangs et lacs «naturels» ou historiques, partie intégrante du paysage local depuis des générations, lui apportant une identité spécifique.

— Les plans d'eau destinés à d'autres utilisations (régulation des débits et stockage, irrigation, production hydro-électrique), créés dans la période contemporaine et devenus des lieux de récréation de façon plus ou moins spontanée.

— Les plans d'eau récréatifs, aménagés pour les loisirs, dont le nombre se multiplie depuis quelques années, du fait de la demande urbaine.

— Les étangs privés prolifèrent aussi, qu'ils soient la propriété de particuliers ou d'organismes divers : sociétés, comités d'entreprises, clubs sportifs.

La clientèle potentielle des étendues aquatiques rurales se révèle elle aussi très diverse, tout autant que l'apport économique réel de leur fréquentation estivale ou des journées de détente épisodiques.

Les étangs n'induisent qu'une présence diffuse et irrégulière, d'origine d'abord proche et régionale. Cependant, autour de certaines villes, ils peuvent constituer un phénomène important, par le coût de leur création et de leur entretien, faisant vivre certaines entreprises (terrassement, débroussaillage). Ils influencent aussi le devenir des communes, en y fixant par exemple des traînées de résidences secondaires. Sur un autre plan O. Balabanian et G. Bouet, étudiant les étangs du Limousin, évoquent une « convivialité et une sociabilité des loisirs de l'eau », qui marqueraient la société limougeaude d'une empreinte particulière, renforçant fortement les liens entre Limoges et son environnement rural.

Les plans d'eau plus vastes drainent une fréquentation d'origine plus lointaine : régionale, pour les courts séjours ; nationale ou étrangère durant les vacances d'été. Cette clientèle se révèle souvent jeune, comme le montrent par exemple les études de marché relatives aux plans d'eau de Rhône-Alpes. Selon les lieux, les moins de quinze ans représentent de 27 à 42 % des visiteurs, relayés par les moins de trente ans, notamment parmi les originaires de Lyon, de Grenoble ou de Saint-Étienne.

L'intégration des étangs et des lacs au cadre rural environnant pose des problèmes multiples, que les responsables n'avaient pas toujours parfaitement mesurés avant leur aménagement.

— Il y a modification du paysage local, les réalisations les plus récentes bénéficiant cependant d'études paysagères préalables, du moins pour les projets les plus importants. Mais il reste évident par exemple que la création de chaînes d'étangs en *escalier* a souvent altéré l'harmonie naturelle des bocages, en particulier en Limousin.

— Les systèmes hydrauliques des petits bassins versants sont perturbés, tracés des ruisseaux et approvisionnement des sources subissant des changements, qui peuvent se transformer en véritables bouleversements lorsqu'il s'agit de retenues de grande taille.

— Certains attribuent également aux lacs une altération des microclimats locaux, cette question étant d'ailleurs très controversée, mais concernant à la fois les activités non touristiques et les loisirs proprement dits sur le plan d'eau incriminé. Ainsi d'aucuns pensent que la présence de nappes aquatiques étendues favoriserait le déclenchement des orages estivaux et irait donc paradoxalement à l'encontre de la bonne réputation des lieux auprès des estivants.

— Éclatent aussi des conflits de voisinage variés : avec les résidents déjà installés, avec les agriculteurs, avec certains artisans, accusés de pollution : scieurs, exploitants de carrières, etc.

— On doit souvent aboutir à un zonage des activités ludiques : pêche, baignade, voile, hors-bord. Sur les lacs appartenant à EDF la sécurité exige une interdiction stricte des pratiques de loisir dans certains secteurs, ce qui ne va pas toujours sans récrimination de la part des usagers.

Un cas d'école mérite d'être analysé : celui de la vidange périodique de certaines retenues par EDF, afin d'opérer des vérifications et des travaux de sécurité sur les murs de barrage, comme cela a été fait récemment à Pareloup, sur le Lévézou aveyronnais.

Construit dans un climat d'hostilité au lendemain de la dernière Guerre, le barrage de Salles-Curan-Pareloup avait ennoyé un relief peu accentué, provoquant la formation d'un vaste plan d'eau de 1 260 ha.

Après plusieurs années sans orientation ludique bien précise, il attire d'abord de multiples résidences secondaires, puis constitue assez rapidement l'un des premiers pôles touristiques avey-ronnais... Une base de nautisme est créée, outre des campings, des hôtels, des gîtes ruraux. La clientèle, en augmentation régulière est d'origine locale et régionale, mais aussi largement nationale (Paris) et internationale (Néerlandais en particulier).

En une vingtaine d'années la fréquentation récréative induite par la présence du lac apparaît fondamentale et indispensable à l'économie du Lévézou, alors même que l'emploi agricole et artisanal décline rapidement.

Aussi, lorsqu'en 1992-1993 s'ouvre la procédure de la vidange, un tollé général mobilise les populations riveraines, qui affirment maintenant disposer de « droits » acquis, face à EDF. Le Groupement régional de production hydraulique, qui s'était déjà préoccupé de promotion touristique sur le Lévézou et dans la vallée moyenne du Tarn, a accepté d'étudier de très près les conséquences de la vidange et d'en négocier certaines modalités avec les responsables politiques et économiques de la petite région. En particulier le GRPH Languedoc a soutenu la mise en place d'activités récréatives de remplacement. En outre un effort a été entrepris et partiellement réussi pour diffuser les flux d'estivants vers les communes du Lévézou non bordières du lac.

IV. — **Torrents et rivières**

Les cours d'eau de toute nature assurent aux espaces ruraux les plus monotones un commencement d'axe récréatif ou déterminent une fréquentation touristique régulière.

Dans certaines communes la première initiative de mise en valeur devra donc être de rendre accessibles les ruisseaux, les torrents ou les rivières qui les baignent, par l'ouverture de sentiers de randonnée ou de pistes, par la création d'aires de stationnement ou de parcours de pêche.

A un autre stade apparaissent spontanément des « plages », dont la prolifération doit être limitée pour d'évidentes raisons de sécurité et de normes sanitaires.

Enfin, la rivière peut devenir un axe récréatif véritable, tant elle est porteuse de loisirs traditionnels (pêche, nautisme léger) et d'activités innovatrices, en pleine évolution aujourd'hui : canoë-kayak, *rafting, tubing,* etc. En particulier la descente des rapides progresse actuellement très vite du fait de l'engouement de certains groupes citadins pour cette pratique.

Ainsi l'Ardèche, cours d'eau oublié il y a peu encore, s'est transformée en « rivière conquise ». Une foule déferlante d'amateurs se presse dans ses gorges, les dégradant d'ailleurs par de nombreuses pollutions. Il est à noter que cette invasion procède d'une idéologie naturophile et d'une prétendue recherche des émotions d'une nature « sauvage ». Le cas de l'Ardèche montre donc que la vigilance est nécessaire, la saturation touristique survenant assez rapidement, y compris dans des secteurs de vallées dépourvus d'habitants.

La navigation fluviale de plaisance profite assez largement au milieu rural, parcouru par environ 8 500 km de voies navigables. On notera que dans plusieurs bassins, après leur déclassement commercial, la plaisance demeure le seul moyen de sauver les infrastructures (écluses, passages, épis) ou de recréer une animation sur ces cours d'eau.

Depuis une décennie l'expansion de ce type de loisir est régulière et se traduit par des chiffres d'affaires non négligeables : 1,1 milliard de francs au niveau national, soit à peine moins que le transport fluvial ordinaire (1,3 milliard).

— Les promenades et croisières s'octroient 900 millions, mais il faut convenir que dans bien des cas leur organisation échappe aux campagnes proprement dites.

— Par contre, la location ou la navigation individuelle profitent largement aux zones riveraines.

Le chiffre d'affaires de la location fluviale atteint 250 à 280 millions de francs, qui se répartissent entre 85 sociétés environ, possédant 1 700 bateaux de toute taille : *house-boats,* péniches et pénichettes, carabarges pour caravanes.

Les structures économiques se révèlent assez inattendues. En effet, les principaux loueurs sont étrangers, quatre d'entre eux contrôlent un bon millier de bateaux. Ces entreprises, qui ont su s'installer solidement sur un créneau délaissé vers 1980, prospectent activement la clientèle européenne (Allemands, Anglais, Scandinaves) qui assure 40 à 60 % de la fréquentation, selon les bassins. Par contre, les sociétés moyennes indépendantes drainent d'abord les visiteurs et les plaisanciers des régions proches. Cette forte mainmise étrangère s'explique par l'abandon dans lequel étaient tombés beaucoup de rivières et de canaux, l'intrusion des professionnels européens montrant, s'il en était besoin, le rôle essentiel des projets et des initiatives dans le développement local.

Le tourisme fluvial paraît pouvoir se développer encore sur les réseaux de canaux (Centre, Midi) et dans plusieurs bassins (Anjou, Charente, Loire, Seine). Les retours sur investissement sont bons, compte tenu de la nature de la clientèle dominante : étrangers, cadres adultes. Les dépenses moyennes observées montrent la bonne solvabilité de ces touristes bien typés. Ainsi sur l'Erdre, en 1991, les budgets moyens journaliers variaient de 277 F par personne pour les courts séjours à 318 F pour les locations d'une semaine. A partir de ces évaluations le Comité régional du tourisme des Pays de Loire fixait le produit global de la plaisance fluviale à quelque 63 millions de francs : 43,7 millions allant aux professionnels, 14 millions de dépenses provenant du séjour seul ; 275 emplois en étaient directement tributaires.

V. — La pêche

La pêche en eau douce attire un nombre de pratiquants qui peut paraître considérable : 6 millions de personnes. Cependant, sa valorisation comme produit récréatif marchand se heurte à plusieurs limites.

En premier lieu, il n'existerait en fait que 3 millions de pêcheurs actifs, c'est-à-dire s'adonnant régulièrement à leur passion, les autres restant des occasionnels, ne consacrant que des sommes très faibles et très irrégulières à la pêche.

Les enquêtes les plus récentes indiquent aussi une régression importante de celle-ci, par rapport aux années 1960, notamment en eaux libres. Elle résulte tout à la fois de la pollution des rivières, de l'appauvrissement qualitatif et quantitatif des réserves halieutiques, mais aussi d'un défaut d'image. La pêche apparaît en effet comme un loisir bon marché, populaire, plutôt obsolète et peu valorisant socialement. De plus elle se pratique essentiellement à proximité du domicile : 47 % dans la commune de résidence, 43 % dans le département, d'après les sondages récents. Au total, moins de 5 % des pêcheurs français achètent des séjours courts ou longs ou utilisent un hébergement extérieur à leur domicile pour pêcher.

En dépit de ces limites, la pêche en eau douce peut constituer un élément important du tourisme vert. En effet, elle s'intègre bien dans le corps des valeurs ludiques qui sous-tendent ce dernier.

Les motivations des amateurs de pêche
(d'après une enquête du Conseil supérieur de la pêche) (en %)

Se reposer, se détendre	76,5
Profiter de la Nature	68,2
Retrouver des amis	25,3
Se retrouver en famille	24,7
Être seul	22,2
Observer le milieu aquatique	17,6
Capturer une grosse prise	15,9
Attraper un maximum de poissons	11,9
Faire de l'exercice	9,0
Autres	4,2

Deux impératifs semblent s'imposer pour dynamiser la pratique halieutique : réhabiliter les cours d'eau, en développant l'image des rivières propres, et donner à la pêche une tonalité plus « jeune ».

Les organismes d'intérêt général (Comités du tourisme, pays d'accueil) et quelques entrepreneurs privés s'efforcent de promouvoir des « produits pêche » avec un certain succès, même si cette offre demeure encore atomisée. On peut citer :

— Des initiatives départementales, en Auvergne, Limousin, Midi-Pyrénées, Rhône-Alpes ;
— La Fédération nationale des pays d'accueil touristique, qui propose un catalogue national des séjours de pêche ;
— Les Gîtes et Logis de France, qui offrent environ 250 hébergements pour loisirs halieutiques ;
— La chaîne *Hôtels-relais Saint-Pierre,* comptant une soixantaine d'établissements qui accueillent surtout une clientèle aisée ;
— Des propriétaires de parcours de pêche, qui s'efforcent d'attirer des amateurs fidèles, prêts à consacrer régulièrement des sommes importantes à leur loisir. Certains de ces professionnels visent surtout les étrangers : Européens du Nord, Américains qui sont familiers de ce type de prestation.

Pourtant la valorisation du patrimoine halieutique reste imparfaite en France, en particulier si on se réfère à son apport économique dans certaines régions européennes, comme l'Écosse, l'intérieur irlandais, les provinces orientales des Pays-Bas, voire les Pyrénées espagnoles, notamment en Aragon.

Chapitre IV

ESPACES FORESTIERS
ET LOISIRS VERTS

Les populations citadines attendent la mise en place d'équipements de loisirs en forêt qu'elles utiliseront surtout en fin de semaine. Ainsi existent des « maisons de la forêt » à proximité de plusieurs grandes villes, des zooramas, des parcours de « découverte », des aires de silence ou de repos. Mais les espaces boisés attirent également les estivants et les touristes, soit parce qu'ils possèdent des centres d'intérêt ludique reconnus, soit simplement parce qu'ils offrent un cadre naturel à la promenade, à la randonnée, aux itinéraires équestres.

I. — **Forêt et loisir populaire**

Jusqu'à la fin du siècle dernier la forêt était perçue comme un milieu répulsif, voire menaçant, en particulier par les citadins. Les craintes, confuses ou beaucoup plus précises, procédaient de dangers supposés ou réels, fortement ancrés dans l'opinion publique. Dans beaucoup de provinces d'ailleurs des épisodes historiques tragiques s'étaient déroulés dans les zones forestières, constituant souvent l'un des éléments de l'identité régionale. On évoquera par exemple :

— Les peurs collectives frappant les « pays aux bois » ;
— Les menaces multiples, comme celles des animaux sauvages (les loups, les « bêtes ») des violeurs, des brigands, avec par exemple le thème de « l'auberge sanglante », telle celle de l'Ardèche ;
— Les altérations redoutées de la santé, du fait attribuées à l'obscurité, au confinement ou à l'humidité de futaies les plus épaisses.

Ces connotations négatives ont souvent perduré confusément jusqu'à nos jours, comme d'ailleurs les représentations mentales sur le merveilleux, la majesté ou la beauté des arbres (mythologie du chêne ou du sapin). De même a subsisté l'axiome de l'équilibre naturel ou celui du rôle purificateur des espaces verts, face à l'idée de pollution urbaine.

Lorsque ces images négatives entrent dans la personnalité historique et culturelle locale, elles peuvent se transformer en élément attractif, à condition de les exploiter judicieusement. Des sentiers à thèmes, des séjours axés sur les peurs et sur les légendes du passé peuvent entrer dans la thématique d'un produit touristique insolite.

La faveur du public à l'égard des zones boisées est apparue et s'est renforcée à la fin du siècle dernier et durant l'entre-deux-guerres. notamment à partir des forêts de l'Ile-de-France qui reçoivent alors un grand nombre de visiteurs y venant en famille ou par les trains de plaisir du dimanche.

Des concepts positifs émergent progressivement, en liaison avec les aspirations d'une société encore peu mobile :

— La forêt peut être par excellence le lieu idéal des sorties familiales car ses bienfaits concernent tous les âges ;
— Elle contribue à l'harmonie sociale, en offrant un espace de détente aux catégories les plus modestes ;

— Elle a une fonction sanitaire essentielle, assurant l'air pur et permettant la pratique des exercices physiques ;
— Elle joue un rôle éducatif pour la jeunesse, grâce au contact avec la Nature.

La période contemporaine conserve de façon diffuse ou plus explicite tout ou partie de ces thèmes anciens, en particulier au sujet des bois suburbains. Mais deux faits nouveaux sont intervenus à partir de 1960 :

— Les préoccupations écologistes valorisent désormais tout espace vert en mettant en exergue la notion d'équilibre naturel ou d'écosystème, donc en faisant oublier les représentations négatives du passé. Le postulat de la valeur universelle du vert étant posé, les bois et forêts disséminés sur l'ensemble du territoire rural apparaissent globalement porteurs d'un attrait ludique à valoriser ;
— La mobilité actuelle des citadins, alliée à la pénétration par l'automobile, peut soumettre les massifs boisés à une véritable pression récréative, dont les propriétaires et les responsables ont parfois du mal à se défendre.

Cette utilisation spontanée des forêts engendre assez souvent de nombreuses ambiguïtés : sur le financement des équipements, sur les rapports entre les diverses activités économiques (sylviculture, exploitation forestière, cueillette) et les visiteurs ; enfin sur le régime juridique des loisirs en forêt : droit de passage, de clôture, respect de la propriété.

II. — Les activités récréatives en forêt

La fréquentation récréative des espaces boisés reste très difficile à quantifier, notamment en zone rurale et en dehors des grands massifs contrôlés par l'ONF. Les comptages de celui-ci en secteur domanial soulignent l'influence directe de l'urbanisation du pays :

— 6 forêts, couvrant 4 500 ha, toutes situées autour de Paris, drainent un flux conséquent de visiteurs de toute nature chaque jour de l'année ;
— 75 massifs (162 000 ha) sont pénétrés de façon plutôt intense en fin de semaine et pendant l'été. Ils se répartissent dans toute la France ;
— 143 autres (291 000 ha environ) attirent les visiteurs à la belle saison principalement, mais restent presque déserts ordinairement.

Ainsi le quart environ des forêts domaniales supportent des activités récréatives plus ou moins intenses. Cependant la plupart d'entre elles semblent de plus en plus parcourues par les promeneurs et les touristes, y compris en montagne et dans les zones rurales isolées, dont elles constituent souvent l'un des rares attraits remarquables.

De ce fait l'ONF, dont la mission principale demeure sylvicole, s'est résolu à encadrer les loisirs, en offrant des équipements, légers ou plus complets, et des activités comme la randonnée organisée, la chasse contrôlée, la découverte du milieu. Ainsi 64 % des massifs s'étendant sur 90 % de la superficie domaniale comportent au moins une installation ludique. Au total existent quelque 80 000 places de parking, 700 aires d'accueil, 900 ha de parcs animaliers, 9 000 km de pistes cavalières, 8 000 de pistes cyclables, 11 000 de sentiers balisés.

Les arboretums offrent un intérêt spécifique car ils conjuguent un concept de découverte et une fonction purement sylvicole. On distingue en effet les sites de collection, comme le mont Aigoual, Harcourt (dans l'Eure) ou Jardin-Thuret (Alpes-Maritimes) et les unités à buts techniques. Encore mal connus, les arboretums peuvent devenir des lieux privilégiés de visite dans les zones rurales qui les abritent.

L'extension des loisirs en forêt se heurte à plusieurs butoirs :

— Une pression récréative trop forte en toute saison conduit à des dégradations fréquentes ou à des incompatibilités avec les activités locales, certaines limites se trouvant déjà atteintes aujourd'hui lorsque les massifs bordent des aires touristiques majeures (cas de la forêt de la Coubre, proche de Royan) ;

— Le financement, que l'ONF ou les propriétaires privés ne peuvent pas assurer sans la participation des collectivités locales, amènera peut-être un jour à prévoir un coût pour l'usager ;

— L'irrégularité et le caractère diffus de la fréquentation de beaucoup de sites rendent difficilement rentables les installations lourdes du type maison de la forêt, dont le financement et le fonctionnement posent problème ;

— L'antinomie entre récréation et exploitation forestière ou industrie du bois oblige à un zonage strict des secteurs réservés et des secteurs ouverts au public, notamment lorsque la densité des visiteurs augmente vite.

Chapitre V

UNE ORGANISATION
TOURISTIQUE MULTIFORME

Alors que l'émiettement de l'offre ou que son poids économique réel ne semblaient pas devoir susciter un interventionnisme marqué, le tourisme en espace rural a retenu l'attention permanente de l'État et celle de multiples organismes se préoccupant de l'intérêt général. Puis, les pouvoirs publics ont nettement affirmé le rôle du tourisme comme composante fondamentale du développement local. A partir de 1970 les structures nouvelles lui font une place essentielle (plans d'aménagement rural, contrats de pays) ou lui sont spécialement consacrées (pays d'accueil). Les lois de décentralisation de 1982 autorisent l'intervention des conseils régionaux.

Enfin le tourisme vert bénéficie de l'intérêt de la Communauté européenne qui accorde des crédits très substantiels aux volets récréatifs des programmes *Leader* par exemple. Si on ajoute les initiatives de plus en plus nombreuses des collectivités locales et ceux d'une multitude d'associations de toute importance, on peut considérer que le tourisme vert reste encore largement le domaine d'une sorte d'économie mixte aux structures très variées et éclatées.

En regard, les opérateurs privés, agriculteurs ou autres ruraux par exemple, manquent de surface économique. Cependant, l'augmentation continue du chiffre d'affaires du tourisme vert comme les nécessités techniques de la commercialisation actuelle de ses produits, introduisent davantage de mécanismes de marché. Les cadres structurels et fonctionnels issus de l'idéologie « sociale » et de la lente évolution historique de l'après-guerre semblent donc aujourd'hui en voie de bouleversement.

I. — L'ambiguïté des objectifs : le tourisme vert entre intérêt général et activité privée

Le rôle nouveau du tourisme dans les campagnes françaises, tant du point de vue des revenus que des emplois ou du développement local, a amené les structures publiques à plus de complexité et à une intervention accrue. Mais, dans le même temps, le secteur privé prenait une importance nouvelle par le nombre d'individus ou d'entreprises concernés, par le chiffre d'affaires réalisé et, enfin, par sa diversité. En effet les prestations récréatives en zone rurale font maintenant apparaître trois types d'agents économiques :

— Les particuliers : loueurs de meublés, de gîtes, propriétaires de résidences secondaires ;
— Les entrepreneurs de toutes tailles : agriculteurs prestataires de services ou vendeurs de produits, commerçants, artisans, hôteliers, dont certains peuvent animer des unités économiques se situant au premier plan au niveau local ;
— Les grosses entreprises privées (voyagistes, investisseurs touristiques, publicitaires, banques) qui prospectent désormais un marché que l'amplification récente de la fréquentation rend porteur.

La tâche des institutions étatiques et des collectivités locales se révèle donc de plus en plus complexe, comme semble délicate la définition des politiques touristiques à mener pour définir un « intérêt général », déclencher les initiatives privées, contenir la confrontation des différents opérateurs ou limiter les nuisances prévisibles de certains de leurs projets.

Les rapports entre l'État et les collectivités territoriales sont passés par deux phases :

— Les pouvoirs publics ont d'abord privilégié l'intervention directe par le subventionnement de projets précis, peu nombreux et ayant un rôle bien déterminé dans telle ou telle opération d'aménagement du territoire ou dans le développement du tourisme français en général. Parfois le soutien apporté à certaines réalisations, par le truchement d'organismes para-étatiques tels que les filiales de la Caisse des dépôts, des banques ou des entreprises nationalisées, obéissait plus à des considérations d'ordre politique ou social qu'à des finalités touristiques véritables ;

— Depuis une vingtaine d'années on est entré dans une logique de contractualisation qui se précise et qui a permis aux collectivités territoriales de prendre l'initiative du développement ludique du milieu rural, de négocier la part de leurs apports propres et l'aide de l'État, mais aussi de situer les réalisations locales dans des programmes de niveau supérieur.

La même démarche contractuelle préside aux relations entre les collectivités territoriales :

— Les régions définissent les objectifs touristiques généraux, dans lesquels pourront s'insérer les initiatives d'origine rurale ;
— Les départements déterminent le contenu des schémas touristiques départementaux puis financent et contrôlent leur mise en œuvre (comités départementaux du tourisme) ;
— Les communes ont été amenées à multiplier les initiatives dans de nombreux domaines du développement de la récréation en zone rurale. De ce fait elles ont dû innover en

matière de structures de décision, d'encadrement, de gestion (associations loi 1901, GIE, regroupements en syndicats ou intercommunalité poussée).

Un texte tente de définir clairement les règles nouvelles. Il s'agit de la loi du 23 décembre 1992 portant répartition des compétences dans le domaine touristique, qui précise en particulier les rapports entre régions, départements et communes en matière d'études, de fixation des objectifs à chaque échelon de promotion et de gestion. Un point, important pour la conduite quotidienne de l'action de terrain, précise les liens entre les municipalités et les offices de tourisme existants ou créés.

On se trouve aujourd'hui devant une prolifération d'initiatives venant de structures foisonnantes, de type administratif, associatif et privé. Cette complexité apparaît quelque peu déroutante car aucune d'entre elles ne semble pouvoir assurer la cohérence du développement touristique rural, ni procurer à ce dernier des moyens totalement efficaces et suffisants.

D'aucuns ont remarqué assez justement que le territoire de base restait le seul dénominateur commun de tous les acteurs et de tous les projets dispersés, puisqu'il est, avec ses caractéristiques physiques, paysagères, humaines, le support de l'offre ludique. En outre plusieurs valeurs ou notions fondamentales admises par chacun peuvent s'y rattacher sans trop de discussions.

Ainsi J. G. Caquet et P. Lecoq proposent la notion de bassin touristique local. « Les prestations nécessaires à la constitution d'une offre touristique complète, écrivent ces auteurs, sont localisées sur un bassin de production... C'est le niveau d'élaboration du bassin touristique local qui détermine le degré de constitution globale de l'offre. Ce dernier dépend de la dynamique locale touristique, des processus interactifs de production et d'organisation publique sur un territoire, cette dernière composante étant principalement le fait de la collectivité locale. »[1].

Ces concepts nous semblent assez bien correspondre aux mécanismes politico-économiques du tourisme vert actuel, du moins tant qu'il demeure fortement guidé par les initiatives et le contrôle publics.

Mais une remise en cause peut survenir si les lois du marché s'imposent à la récréation en milieu rural à la fois dans leurs dimensions économiques et techniques. L'évolution des structures dépendra en particulier du poids que pourront y acquérir les grosses entreprises du secteur des loisirs et du mode de distribution des produits ludiques rattachés aux campagnes.

Ces logiques de l'économie mixte et de la territorialité semblent pouvoir se reconnaître aujourd'hui dans la prolifération des structures nouvelles d'organisation et de gestion du tourisme rural.

Créés en 1976, les pays d'accueil touristique (PAT) ont connu un succès rapide. Ils constituent maintenant une structure majeure du tourisme vert, puisqu'ils concernent environ 20 % du territoire national. Ils se sont réunis en 1988 dans le cadre d'une fédération nationale qui a une mission d'étude et de réflexion, mais aussi de promotion et de formation des acteurs.

Un effort particulier a été entrepris pour la commercialisation des 65 produits actuellement labellisés, d'abord en ouvrant une agence de voyages : *Qualitour,* puis en faisant appel à des diffuseurs extérieurs privés.

Les pays d'accueil touristiques ont des missions clairement déterminées par une charte et doivent agir en partenariat avec les administrations et les collectivités impliquées dans le développement récréatif local. Ils interviennent tout au long de la mise en place d'un programme adopté :

— D'abord au stade de l'aménagement et du développement des équipements ludiques ; puis dans l'organisation et la valorisation de l'offre touristique. En particulier le pays d'ac-

---

1. *Les collectivités locales dans le développement du tourisme en espace rural,* Études TER, 1994, 59 p.

cueil joue le rôle de conseil et d'expert technique lors du montage des dossiers (validité face au marché, visibilité économique, recherche du financement) ;
— Ensuite les PAT assurent la cohésion de l'animation sur l'ensemble du territoire concerné, en essayant de maintenir active la mobilisation des collectivités et de leurs élus ;
— La formation représente aussi un volet essentiel de l'action et elle doit être menée avec le souci d'une efficacité directe en fonction des axes de développement touristique retenus ;
— Enfin les pays d'accueil se consacrent à la promotion et à la mise en marché des produits ludiques, mais aussi à l'information de la clientèle, en liaison avec les Offices de tourisme et les Syndicats d'initiative.

Les assistants techniques sont la cheville ouvrière de toute l'action : quotidienne et à plus long terme. Ils doivent se concerter avec le « groupe local » qui exprime l'identité et la volonté des collectivités associées. Ce groupe est formé par les élus, des professionnels représentatifs et par des responsables d'associations engagées dans le projet de développement objet du PAT.

Plus anciennes que les PAT, puisqu'elles ont été lancées en 1964, les Stations vertes de vacances constituent encore aujourd'hui l'une des structures les plus connues et les plus représentatives du tourisme vert. Elles regroupent soit des communes isolées, soit des «ensembles touristiques», ayant signé une charte et reçu une homologation de la Fédération française des stations vertes.

Existent au total 558 unités classées qui rassemblent en fait 870 communes. Leur capacité d'accueil dépasse 185 000 lits : 75 492 emplacements de camping, 48 046 chambres d'hôtel, 61 599 places en gîtes, meublés et centres de vacances.

En outre, depuis 1981, des localités de la moyenne montagne, non éligibles au statut de station de sports d'hiver, peuvent obtenir un nouveau label contrôlé par la Fédération des stations vertes. Ces Villages de neige sont au nombre de 29.

Les Stations vertes de vacances sont soit des bourgs, soit de petites bourgades, aucune agglomération de la commune concernée ne devant dépasser les 6 000 habitants. Cependant, l'attribution du panonceau portant le coq stylisé, qui les individualise, se fait surtout sur le respect d'un certain esprit et sur l'existence d'équipements bien définis, notamment la présence ou la proximité immédiate d'un plan d'eau ou d'une piscine publique. Ainsi les stations vertes offrent 580 bassins de natation, 158 plans d'eau utilisables pour la récréation et 227 baignades et plages aménagées.

La charte des Stations vertes de vacances se situe à l'interface de l'intérêt général, de la volonté politique locale représentée par les maires adhérents et du domaine privé, puisque ces derniers doivent persuader leurs administrés, en particulier les professionnels du Tourisme, de se plier aux dispositions les plus fondamentales des engagements pris. Pour devenir Station verte une localité doit :

— Offrir un cadre de vacances naturel et agréable (qualité des eaux, propreté générale, fleurissement) ;
— Posséder des équipements récréatifs diversifiés (court de tennis, parcours de randonnée, salle de sport) ;
— Disposer sur place d'un hébergement suffisant (200 lits au moins) varié et relativement confortable (terrain de camping 2 étoiles, hôtel classé Tourisme) ;
— S'engager à assurer l'information et l'encadrement des séjournants (Office de tourisme ou Syndicat d'initiative, animation au village).

II. — L'initiative étatique

Le rôle de l'État dans le devenir du tourisme rural est devenu de plus en plus varié au cours des deux dernières décennies. En effet, il agit à la fois comme acteur direct, comme partenaire et comme autorité de tutelle omniprésente, ne serait-ce que par le cadre législatif, réglementaire et fiscal qui s'impose à tous les opérateurs.

Les concepts généraux ont été élaborés quelque peu empiriquement, au gré des décisions du gouvernement lui-même, notamment dans les documents de la planification et les publications de la DATAR, mais aussi en fonction de la pratique quotidienne des ministères et des administrations concernés. Ainsi le ministère de l'Agriculture a-t-il toujours revendiqué et tenu une place de premier plan aux cotés des services du Tourisme qui, soulignons-le, n'ont pas toujours conservé le rang de ministère, ayant même parfois perdu leur indépendance formelle, pour être rattachés à l'Industrie, aux Transports, etc. Ainsi la mise en valeur ludique des campagnes s'est assez souvent opérée en mettant l'accent sur l'agritourisme, alors qu'en d'autres temps elle était plus largement insérée dans la politique économique globale, voyant s'affaiblir quelque peu sa tonalité « ruraliste », jugée alors excessive par certains.

Mais il est clair que la vision globale de l'aménagement du territoire aboutit à la mise en place d'infrastructures d'abord conçues en fonction de leur utilisation par les citadins. De plus il convient que les projets spécifiques du tourisme vert s'insèrent dans une programmation globale de gestion de l'espace et de l'économie. Ainsi des réalisations tels que les autoroutes ou les parcs naturels, qui semblent pourtant directement conditionner le devenir récréatif des zones rurales, ne se sont pas toujours faites avec l'adhésion de leurs habitants.

Par ailleurs l'État a souvent varié sur la méthode à adopter, hésitant entre l'implantation de gros équipements, structurants au niveau local ou régional, et une action diffuse de soutien financier aux dossiers de plus en plus nombreux qui lui étaient soumis. La délégation de compétence et parfois de charges semble avoir lentement prévalu, puisque les procédures partenariales sont la règle aujourd'hui, comme nous l'avons déjà souligné.

Il est un point particulier dans lequel la doctrine publique s'est toujours affirmée de manière cohérente : celui du rôle du tourisme dans les campagnes en difficulté. Se fondant sur la constatation que la valeur ajoutée des prestations rattachées aux loisirs se révélait plus forte que celle du travail agricole traditionnel et que toute unité d'hébergement de touristes déclenchait un effet multiplicateur en matière de revenus et d'emploi, les administrations ont accepté le concept admis du sauvetage du rural par la récréation. Trois fonctions lui ont été dévolues, au nom desquelles ont été traités les dossiers : assurer des ressources de complément à des exploitants marginalisés ou en difficulté, constituer une activité de diversification, voire dominante, pour des unités viables ; permettre ainsi de maintenir un tissu d'exploitations dans certaines communes menacées par leur raréfaction.

Si la doctrine et les objectifs de l'État concernant le tourisme vert se sont affirmés progressivement, l'adaptation des structures administratives s'est faite en respectant les cadres traditionnels des différents ministères et de leurs services départementaux et régionaux.

— L'Administration du tourisme est fortement concentrée à Paris autour d'un ministère modestement doté en personnel. En tout état de cause, le développement ludique de l'espace rural n'est que l'une de ses missions parmi d'autres, dont la priorité varie avec la sensibilité des responsables, les volumes de crédits disponibles, la nécessité de procurer des devises fortes au pays en fonction des exigences monétaires, etc. Parmi les principaux organismes on peut citer la Direction du tourisme, l'Inspection générale du tourisme, l'Agence française d'ingénierie touristique, le Conseil national du tourisme.

— Le ministère de l'Agriculture, nous l'avons montré, a élargi son rôle de tuteur et de promoteur de la récréation en zone rurale. Il bénéficie de deux atouts fondamentaux : son importance sur l'échiquier politico-administratif français et sa présence dans chaque département à travers les directions départementales et régionales de l'Agriculture (DDAF, DRAF). A ces deux échelons géographiques ces services administratifs peuvent agir à la fois en concepteurs et en animateurs de terrain, grâce à leurs effectifs notables d'ingénieurs et d'exécutants.

De façon générale le financement des projets touristiques émanant du milieu rural ressort à plusieurs sources, les procédures se révélant souvent assez lourdes et complexes. Parmi les organismes intervenant le plus souvent sur les dossiers de quelque importance on citera :

— Le Fonds d'intervention touristique (FIT), dépendant du ministère du Tourisme, lequel dispose de deux lignes budgétaires : l'une contractualisée, l'autre disponible pour financer en priorité les produits et les filières ;

— Le FIDAR (Fonds d'intervention de développement et d'aménagement rural) et le FIAT (Fonds d'intervention pour l'aménagement du territoire), contrôlés par la DATAR qui peuvent prendre en compte des réalisations touristiques rurales, mais en concurrence avec tous les autres types d'actions ;

— Le FRILE (Fonds régionalisé d'aide aux initiatives locales), préférentiellement orienté vers l'aide aux créations d'emplois, qui prend en considération des projets émanant des zones rurales défavorisées ;

— Les contrats État-régions comportent souvent un volet tourisme rural.

Enfin on n'aurait garde de sous-estimer l'intervention multiforme de la CEE, dont les instances bruxelloises reçoivent plutôt favorablement les initiatives d'intérêt général en provenance des régions. Par exemple les zones rurales françaises ont souvent émargé aux financements du FEDER et des Plans intégrés méditerranéens en présentant des programmes touristiques importants ou en incluant ces derniers dans des actions globalisées de développement.

III. — L'implication grandissante des collectivités territoriales

Depuis une décennie les interventions économiques des collectivités territoriales de tout niveau n'ont cessé de prendre de l'importance, tant en nombre d'opérations réalisées qu'en volume d'investissements. Or, pour l'ensemble de la France, le secteur touristique apparaît comme l'un des grands bénéficiaires de cet effort financier des communes, des départements et des régions, tandis que des domaines comme l'industrie, le BTP, le commerce, l'artisanat voyaient régresser leur part relative dans les aides des collectivités publiques.

En milieu rural les projets d'équipements récréatifs ou le soutien de telle ou telle activité ludique cristallisent aujourd'hui bien souvent les efforts des communes, notamment de celles dont les finances réduites ou la situation géographique défavorable ne leur permettent guère d'espérer une installation immédiatement créatrice d'emplois, industrielle par exemple.

En fait la présence des municipalités rurales dans le développement touristique se situe par rapport à trois stades significatifs d'intervention :

— Une première prise de conscience, de l'intérêt de la fréquentation estivale en particulier, peut amener les responsables locaux à prévoir quelques installations susceptibles de retenir les automobilistes de passage, ces flux ayant l'avantage d'animer le tissu commercial et d'apporter des rentrées d'argent saisonnières supplémentaires. Dans ce but sont créés par exemple un petit plan d'eau, un terrain de camping élémentaire. De même une signalisation touristique locale sera posée, des sites ou des points de vue seront dégagés, une forêt communale sera ouverte aux promeneurs, etc.

— A un stade plus avancé de maturation des projets la municipalité amorcera un effort beaucoup plus coûteux et efficace de développement d'une activité de loisirs dans la commune. Il conviendra alors qu'elle définisse une authentique politique de la récréation : promotion plus ou moins ample, recherche d'un certain type de clientèle, demande de classement. Par ailleurs les projets ludiques communaux ou associatifs prendront de l'importance en volume comme par rapport aux autres investissements économiques publics, ce qui suppose des choix budgétaires clairs et un effort financier délibéré, dont le niveau et l'orientation doivent être majoritairement acceptés par la population.

— Enfin, les communes peuvent décider d'animer et de contrôler le développement touristique local, par exemple en promouvant elles-mêmes certaines activités, en accueillant des opérateurs extérieurs (centres d'hébergement, villages de vacances), mais aussi en pratiquant une politique de station, qui se concrétisera par la recherche d'un classement valorisant : station verte de vacances, commune touristique notamment. Le poids du tourisme dans la vie locale se traduira alors dans le cadre réglementaire, en particulier dans le POS.

Deux attitudes divergentes s'offrent aux communes : la municipalisation et le désengagement, après la mise en route des projets. Les critères du choix ne sont pas simples car l'augmentation de la fréquentation, saisonnière ou plus continue, imposent de considérer des données dont les maires se trouvent de plus en plus comptables : le bon fonctionnement du service public, les impératifs techniques (notamment de sécurité), la rentabilité des investissements réalisés.

En s'engageant dans le développement touristique

certaines municipalités ont bouleversé le consensus ancien sur les types de charges habituelles des communes rurales. Des tensions locales parfois rudes ont éclaté sur le bien-fondé de ces dépenses en faveur de la récréation.

Notons cependant que des spécialistes ont tenté d'imaginer des ratios de gestion objectifs :

— *le taux résidentiel touristique* = total des valeurs locatives des RS × 100/total des valeurs locatives communales ;
— *le taux d'endettement touristique* = annuités touristiques × 100/annuités totales ;
— *le solde touristique* = recettes – dépenses touristiques × 100/budget de fonctionnement ;
— *l'effet multiplicateur touristique* = total des aides publiques externes/investissement touristique communal.

IV. — Omniprésence et ambivalence des formules associatives

Les démarches, les filières, les structures associatives sont innombrables dans l'organisation du tourisme vert, quel que soit l'espace géographique pris en compte : national, régional, local ; et quel que soit le poids économique des projets ou des réalisations. L'affirmation du Bien public, celle de la valeur sociale servent de base à la création et au développement des associations spécialisées dans les loisirs en milieu rural. La logique d'un raisonnement axé sur l'intérêt général conduit à faire accepter l'idée qu'ils peuvent ou doivent être une activité sans but lucratif, domaine dans lequel les formules associatives offriraient le mode de gestion idéal. En contrepartie elles bénéficieraient par exemple de concessions de services publics ou de régimes fiscaux privilégiés.

Cependant, l'évolution récente vers les mécanismes de marché et le gonflement spectaculaire des chiffres d'affaires du tourisme vert ont révélé d'extraordinaires diversités au sein de la filière associative, disparités qui en rendent l'approche très complexe. Existent :

— Des différences fondamentales d'objet lancement, puis suivi d'une opération purement locale ; sauvegarde d'un site ou d'un monument ; promotion, formation des personnels ; gestion d'hébergements, de services, etc.
— Un contraste frappant entre les chiffres d'affaires annuels des organismes associatifs, allant de quelques milliers de francs à des sommes de niveau capitalistique ;
— Des rôles spatiaux sans aucune commune mesure entre eux, certaines associations étant devenues des partenaires à part entière de l'aménagement du territoire, capables d'imposer leurs vues et leurs exigences aux régions, voire à l'État, et jouissant *a fortiori* d'une position tout à fait dominante dans leurs négociations éventuelles avec les communes rurales.

Les concepts admis concernant la démarche associative semblent donc comporter des zones floues, que la prolifération des initiatives récréatives reposant sur l'espace ou les valeurs ludiques rurales, tout comme l'intrusion grandissante de l'argent et l'extension des clientèles potentielles, amplifient.

Pour toutes ces raisons une analyse des structures associatives nécessiterait une très longue présentation à elle seule. On retiendra ici :

— Les groupements de prestataires de service à forme associative, dont les membres, appelés souvent « adhérents », sont des professionnels (agriculteur, hôtelier, loueur) soucieux de se rattacher à une filière de commercialisation reconnue, ceci au prix d'une cotisation en général modeste et du respect de certaines normes ;
— Les associations de promotion, de documentation touristique, de formation, qui existent aussi bien à l'échelon local que national ;

— Les associations à base géographique, ayant pour but la valorisation, la sauvegarde de tel ou tel site, de tel ou tel « pays ». Depuis deux décennies ces organismes ont souvent joué un rôle pionnier dans la mise en valeur des micro-potentialités touristiques de l'espace rural délaissé par les grands flux de vacanciers ;

— Les grandes associations de tourisme collectif ou social. Leur concentration économique et leur entrée dans les mécanismes de marché leur sont de plus en plus nécessaires aujourd'hui, face à la concurrence nationale et internationale des groupes privés. Parmi les plus importantes, plus ou moins présentes en zone rurale, on citera : Villages Vacances Familles, Vacances pour Tous, l'Union mutualiste Loisirs Vacances, Cap France ou encore Vacances Loisirs Familles.

Chapitre VI

MODES D'HÉBERGEMENT
ET D'ACCUEIL

L'image traditionnelle de l'hébergement rural englobait l'inconfort, l'isolement et le manque de distractions, compensés il est vrai par des prix bas. Ces trois ingrédients des vacances dites populaires se retrouvaient en particulier dans l'hôtel de Préfecture, le camping municipal ou associatif, le meublé bon marché, la pension de famille ou la « colonie », destinée aux enfants des milieux modestes.

Aujourd'hui l'accueil est pratiqué dans un esprit différent et les capacités ont rapidement augmenté. En 1994 existaient 35 805 gîtes privés, 3 889 gîtes communaux, 8 727 chambres d'hôtes, assorties de 6 971 tables d'hôtes, 1 202 gîtes d'étape, 990 terrains de camping à la ferme, soit 250 000 lits touristiques. S'y ajoutaient 5 000 établissements faisant partie des Logis de France (160 000 lits) et 144 relais et châteaux en totalisant 8 000 autres. Or ces chiffres ne couvrent que les modes d'hébergement bénéficiant de labels précis. Cependant il convient de relativiser les capacités réelles de l'espace rural car nombre de gîtes, de chambres chez l'habitant ou d'hôtels qui lui sont attribués par des affirmations rapides sont en fait localisés dans de petites villes ou au voisinage immédiat des agglomérations plus importantes. En effet, le rural profond n'abrite qu'une partie, parfois minoritaire, de ces unités de séjour.

Les formes d'hébergement souvent considérées superficiellement comme rurales se trouvent en fait liées à des espaces dont les atouts touristiques sont meilleurs que ceux des communes agricoles : péri-urbain, zones sublittorales, haute montagne. Cette ambiguïté de définition doit rester présente à l'esprit lorsqu'il s'agit de raisonner sur les taux de remplissage, la durée de la fréquentation ou la rentabilité des investissements consentis.

I. — Un hébergement multiforme et en mutation

L'hébergement rural connaît une mutation importante, qui s'est accentuée depuis 1990. Les capacités des formes anciennes de séjour, comme le camping, progressent lentement, tandis qu'émergent des initiatives nouvelles. Sont ainsi apparues des variantes des formules éprouvées. Les loueurs de gîtes ont proposé des gîtes d'étape pour les randonneurs ou les cavaliers, des gîtes de pêche ou d'enfants. La chambre s'est vue adjoindre la table d'hôtes, le goûter à la ferme, les fermes auberges. L'hôtellerie a imaginé les relais de chasse ou de pêche, les *lodge* à l'américaine.

Cette remarquable diversification résulte de l'évolution significative des exigences des touristes actuels, lesquels expriment plusieurs attentes majeures :

a) Celle d'un meilleur confort et de la qualité de l'accueil semble fondamentale car elle transparaît dans toutes les études de marché comme dans les demandes quotidiennes des séjournants.

On constate par exemple une prédilection évidente pour les chambres d'hôtes et les hôtels de niveau moyen-supérieur, alors que les auberges villageoises et les hôtels de Préfecture voient s'amenuiser leur clientèle. Les terrains classés trois étoiles enregistrent une affluence soutenue, tandis qu'une catégorie quatre étoiles a même été créée pour satisfaire les goûts de confort croissant des pratiquants les plus aisés.

Or il semble que le support financier de cette diversification existe bien, dans la mesure où les touristes fréquentant aujourd'hui l'espace rural disposent de revenus parfois importants. Ainsi 30 % des clients des gîtes sont cadres supérieurs ou appartiennent aux professions libérales. Le camping profite lui aussi de cette ouverture vers les catégories aisées. Des enquêtes récentes indiquent que le choix des vacances de plein air répond plus à un style de vie qu'à une stricte hiérarchie des revenus ; 30,5 % des campeurs français auraient des ressources mensuelles dépassant 15 000 F.

b) Les estivants appartenant aux nouvelles classes moyennes nationales ou européennes possèdent en général un niveau culturel supérieur à celui des habitués des premiers loisirs verts. Ils développent de ce fait un certain besoin identitaire auquel l'hébergement doit répondre de façon concrète, tant par ses aspects matériels que par la manifestation d'un contact humain spécifique. Ainsi les études de marché réalisées auprès des Européens du Nord amateurs de vacances rurales ont mis en évidence des souhaits très caractéristiques de ce désir de se situer dans un cadre original. Sont considérés comme particulièrement agréables :

— l'hôtellerie installée dans des bâtiments de caractère, type Logis de France ou Château-Hôtel, avec mobilier régional et parc de promenade ;
— l'hébergement à thème : relais de pêche, maisons forestières avec soirées d'animation ;
— les chambres d'hôtes dans des fermes proposant des activités récréatives ;
— les gîtes ruraux aménagés dans des bâtiments isolés et entourés d'un jardin ou d'un parc.

c) Les hébergements actuels doivent enfin offrir une grande souplesse de location et la facilité de réservation, grâce à la possibilité de ne séjourner que quelque temps, voire une nuit, et celle de retenir son logement à distance ou en cours de voyage par un moyen moderne : agence, minitel, téléphone.

Il y a donc là un ensemble de données rompant avec l'empirisme de l'accueil et du service qui prévalait dans les années 1960. Cette nécessité d'une organisation et d'une mise en marché rationnelles a conduit à la labellisation. Celle-ci permet au client potentiel d'identifier facilement le produit offert. Parmi les principaux labels dont la notoriété s'est forgée au niveau national ou international on citera :

— *Gîtes de France,* organisation la plus ancienne, structurée en relais départementaux, qui s'intéresse à tous les modes d'accueil individuel, la capacité globale contrôlée dépassant 51 000 lits ;

— *Bienvenue à la ferme,* placée sous l'égide des Chambres d'agriculture, regroupe 2 300 hébergements installés chez des agriculteurs ;

— *Café-Couette,* qui commercialise des chambres d'hôtes, dont une partie seulement se localise à la campagne ;

— *Cléconfort :* 12 000 meublés, dotés de 38 000 lits répartis dans plus de 20 départements ;

— *Logis de France :* 5 000 hôtels, dont 4 000 environ en zone rurale ;

— *Relais et châteaux,* qui réunit des établissements de prestige ;

— *Les Cœurs,* label des Maisons familiales de vacances.

La labellisation insère le prestataire rural dans une organisation qui lui assure une mise en marché de type commercial, même si les structures demeurent en principe associatives.

L'exemple de Café-Couette illustre bien les tendances de l'hébergement actuel chez l'habitant. Le public visé est de bon niveau, tant en France que dans le reste de l'Europe. Les prix pratiqués en 1994 pour une chambre double vont en effet de 280 F pour la catégorie 2 cafetières (bains communs avec le loueur) à 390 F (3 cafetières, bains privatifs) et à 520 F pour le niveau de confort identifié 4 cafetières, correspondant à une ambiance intérieure particulièrement soignée.

Une filiale : *International Café-Couette* prospecte le marché du grand tourisme (Amérique, Europe, Japon) grâce à une centrale de réservation et à des accords avec certains voyagistes, spécialisés dans les prestations haut de gamme.

L'intérêt des regroupements est désormais perçu par beaucoup des acteurs de l'accueil rural, soit sur des critères de meilleure gestion et de fidélisation de la clientèle, soit en vue de créer une dynamique spécifique centrée sur une identité à définir en commun : style de décoration ou de services, itinéraire à thème, etc.

II. — Le sort inégal de l'hôtellerie rurale

Le potentiel hôtelier des départements ruraux était traditionnellement constitué par deux catégories d'établissements, assez dissemblables les uns des autres. Les hôtels de tourisme, localisés dans les préfectures, dans certaines villes de second rang et sur des sites touristiques majeurs, avaient pu être modernisés, pour suivre l'évolution progressive des exigences de la clientèle d'affaires et des estivants appartenant aux milieux aisés.

Dans les années 1960 la généralisation des congés, réalisée dans un contexte d'élévation du niveau de vie, voire de réussite rapide pour certaines catégories, a pu donner le sentiment d'un renouveau de la plupart des établissements, y compris ceux des zones reculées, qui ont connu alors une espèce d'âge d'or.

Cependant, depuis lors, de véritables bouleversements ont fragilisé l'hôtellerie rurale. Les exigences accrues de confort et de qualité du service, la diversification de la clientèle, la réduction progressive de la durée moyenne des séjours, le brouillage des grilles de revenus pour certains groupes socioprofessionnels, la concurrence des autres modes d'hébergement enfin, se sont combinés pour déclencher une mutation profonde du parc hôtelier à la fois à la campagne et dans les petites villes. Cette évolution se révèle très sélective, tant sur le plan qualitatif que quantitatif.

Les établissements les mieux situés par rapport aux grands flux routiers ou à proximité des lieux touristiques reconnus, comme ceux des villes moyennes, ont réalisé une modernisation notable, s'agrandissant assez souvent et investissant lourdement dans une rénovation matérielle qui leur a permis d'accéder aux classements moyens supérieurs, dont le deux étoiles représente l'archétype. Mais ces transformations ont fréquemment imposé une intégration dans des chaînes aux normes strictes, voire des rachats par des sociétés financières hôtelières françaises ou étrangères.

Au contraire, l'hôtellerie villageoise a subi une crise grave, qui perdure actuellement, nombre de petites affaires disparaissant par raréfaction de la clientèle ou incapacité à investir. Les hôtels de Préfecture en particulier subissent une double désaffection, les touristes modestes leur préférant le camping ou les hébergements sociaux, les visiteurs plus riches leur reprochant une rusticité qu'ils auraient peut-être acceptée autrefois.

Si les taux d'occupation stagnent aujourd'hui pour toutes les catégories d'établissements, les marges bénéficiaires modestes de la petite hôtellerie la rendent plus vulnérable. Ainsi dans les pays de la Loire, alors que le nombre total de chambres a progressé de 5 000 unités en dix ans, les non-homologués ne représentent plus que 10 % du potentiel régional. La part des hôtels une étoile est, elle, passée de 46 % à 18 % de l'offre d'hébergement.

Un plan de modernisation du parc et des structures a été lancé par le ministère du Tourisme en 1991. Les résultats en sont encore mal mesurables, d'autant que leur quantification bute sur la notion même d'hôtel rural. Cependant les chiffres les plus généraux, comme les études les plus fines, expriment clairement le renforcement des deux étoiles, la stagnation relative des établissements de luxe et la poursuite de la crise des non-homologués.

Le maillage du territoire national par les grandes enseignes hôtelières, notamment le long des principaux axes routiers et autoroutiers, a introduit une concurrence brutale pour les entreprises indépendantes. Il leur faut donc poursuivre une adaptation continue, tant sur le plan technique (confort, service, pratique des langues étrangères) que sur celui des concepts commerciaux. Il semble en particulier que l'exploitation raisonnée de la ruralité ou des thèmes s'y rattachant assurent un certain succès aux professionnels qui les mettent en avant avec intelligence et esprit de novation. Peut-être conviendrait-il d'envisager des actions à l'échelle européenne pour amener la clientèle à bien identifier et à bien localiser au cours des déplacements l'hôtel familial, par rapport aux unités standardisées des groupes intégrés.

III. — Meublés, gîtes et chambres d'hôtes

Le logement chez l'habitant, agriculteur ou rural au sens large, a bénéficié récemment du transfert d'une partie des habitués de l'hôtel, mais surtout de l'apparition d'une clientèle propre, qui se renforce actuellement. Tous ces modes d'accueil enregistrent à la fois une augmentation du nombre de lits offerts et un progrès régulier de leur fréquentation effective. Ainsi les gîtes privés ont progressé de 30,1 % depuis 1981, les chambres d'hôtes 18,5 %. Quant aux meublés, on évalue aujourd'hui leur nombre à quelque 500 000, dont une fraction seulement est classée. La location saisonnière regroupe d'ailleurs des logements très disparates, depuis la simple pièce de l'habitation principale mise quelques semaines par an à la disposition des estivants, jusqu'aux villas luxueuses ou aux maisons de prestige, dont certaines régions comme le Périgord ou l'arrière-pays provençal sont d'ailleurs assez bien pourvues.

Les locations meublées indépendantes ou homologuées, comme les chambres d'hôtes, connaissent une grande variabilité d'occupation en fonction de leur situation géographique. Partout la haute saison estivale assure l'essentiel des flux, qui se concentrent en juillet et août, même si un certain étalement s'instaure et si les courts séjours d'hiver et de printemps augmentent la rentabilité d'une minorité d'installations.

De façon générale les chambres ou les gîtes les plus isolés dans les zones rurales ordinaires ne profitent que de la saturation vacancière de l'été (six à dix semaines de location), tandis que leurs homologues proches des grandes aires touristiques voient la demande s'étaler sur dix-sept ou vingt semaines. En périphérie urbaine certains gîtes dépassent même les trente semaines, grâce aux séjours répétés d'une clientèle d'initiés.

Les pouvoirs publics, les responsables régionaux du tourisme, les associations professionnelles tentent d'homogénéiser et de normaliser la qualité des prestations. Le système le plus connu : celui des Gîtes de France, évalue à la fois les spécificités techniques du logement proposé et l'accueil proprement dit. La grille de notation comporte trois critères : environnement immédiat et situation, conception d'ensemble et gros œuvre, aménagement, équipement et décoration intérieure. En outre les responsables du classement portent un jugement sur les éléments de contact avec la clientèle. Sont notamment appréciés la chaleur de l'accueil, la convivialité, les efforts de documentation du touriste, la pratique des langues étrangères.

Si les hébergements labellisés ont acquis une réputation incontestable auprès d'un public diversifié, les meublés indépendants restent encore assez souvent l'objet de critiques, en particulier de la part des estivants étrangers. On relève en effet de très larges disparités dans leur confort et leur équipement. Dans certaines communes rurales proches des zones touristiques saturées en été les réalités concrètes tiennent parfois de l'inacceptable. Or, c'est un domaine dans lequel les pays de l'Europe du Nord et d'autres régions (Toscane par exemple) offrent le plus souvent une qualité irréprochable et bénéficient d'une mise en marché très efficace, d'autant qu'elle est facilitée par la proximité de fortes concentrations de population urbaine.

IV. — L'hôtellerie de plein air

Le camping représente le mode de séjour estival numériquement le plus important. Il évolue vers le concept d'hôtellerie de plein air, qui englobe l'hébergement classique sous tente ou en caravane mobile, mais aussi les caravanes ou mobile homes installés dans des parcs résidentiels ou sur des parcelles privées et, enfin, les habitations légères de loisir (HLL) de toute nature.

L'espace rural au sens strict est maintenant concerné par toutes ces formes d'habitat de plein air :

— Les terrains de camping traditionnels, autrefois souvent très mal équipés, sont classés en catégories normalisées, selon leur niveau de confort ;

— Les campings à la ferme sont obligatoirement situés sur une exploitation agricole et voient leur capacité limitée, si l'agriculteur souhaite ne pas être soumis au statut d'entreprise commerciale ;

— Les aires naturelles de camping peuvent occuper temporairement des parcelles agricoles. Leur équipement reste sommaire, mais l'effectif autorisé peut dépasser les 20 personnes à condition que la densité à l'hectare ne dépasse pas un certain seuil ;

— Les parcs résidentiels de loisir regroupent des caravanes fixes, des mobile homes, des bungalows et autres HLL, non construits en dur. Leurs emplacements sont loués pour une longue durée, voire sont l'objet de cessions aux modalités variées.

Le camping profite d'un engouement constant, puisque 150 à 200 nouveaux terrains apparaissent chaque année sur l'ensemble du territoire français. Les emplacements de camping à la ferme ou les aires naturelles de camping, pour leur art, ont connu une progression spectaculaire depuis une décennie, passant de 626 en 1981 à 1 073 en 1992. Par contre cette dynamique s'est quelque peu ralentie au cours des dernières années.

Une seconde tendance durable caractérise l'hôtellerie de plein air : l'élévation continue du niveau de confort et de services. Ainsi les camps homologués trois et quatre étoiles réalisent la plus forte expansion et jouent désormais un rôle fondamental, en réunissant 25,9 % du nombre de terrains, mais 40,8 % des emplacements.

Les campings ruraux proprement dits s'inscrivent dans cette évolution très positive, en conservant toutefois une tonalité de moindre confort et de dynamisme commercial plus inégal.

L'examen de la répartition des places de camping-caravaning français souligne le poids écrasant des littoraux, les côtes atlantiques et méditerranéennes distançant nettement celles de la Manche. Au sein de chacun des espaces régionaux l'écart se

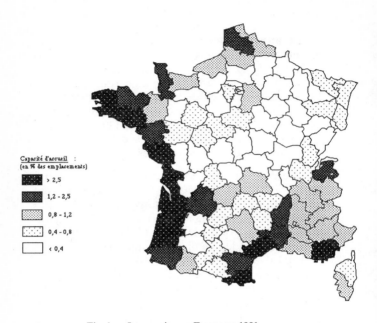

Fig. 1 — Le camping en France en 1991.

révèle considérable entre les départements côtiers et ceux, ruraux, de l'intérieur, ainsi en Poitou-Charentes ou dans les pays de la Loire. Avec plus de 50 000 emplacements, la Vendée dispute le premier rang national au Var, tandis que la Charente, la Mayenne ou la Sarthe n'en possèdent que moins de 2 500. Ceci montre à l'évidence combien les effets de l'attraction balnéaire s'estompent très vite dès que l'on gagne les communes en arrière du littoral. Les zones de plaine ou de plateau du Centre, de la Bourgogne, de l'est du Bassin parisien, voire l'Aquitaine rurale (Gers, Lot-et-Garonne, Tarn) restent peu pourvus en terrains. Seuls les départements de moyenne montagne du Massif central, les Alpes ou les Pyrénées pèsent d'un poids plus notable dans la géographie française du camping.

Ainsi le succès récent du tourisme vert n'a pas réussi à contrebalancer la concentration de l'hôtellerie de plein air sur les aires majeures de la fréquentation de masse. On constate également que le camping, en particulier en milieu rural, n'est pas complètement débarrassé de son étiquette de mode de vacances sociales ou populaires. En effet, les terrains localisés dans les campagnes profondes sont le plus souvent gérés par les communes ou par des associations, alors que les propriétaires privés dominent dans les grandes zones touristiques. De la même façon les équipements de standing, tels que piscine, court de tennis ou mini golf, manquent à la campagne.

Le camping à la ferme est régi par une réglementation visant à limiter la densité des séjournants sur des terrains imparfaitement équipés pour recevoir un grand nombre d'installations. En contrepartie de ces contraintes, les exploitants peuvent obtenir des aides spécifiques : prêts à taux bonifié dans le cadre des Plans d'amélioration matérielle (PAM) ; ou bien prêts fléchés tourisme. En outre plusieurs régions ou départements ont prévu des subventions spéciales dans la panoplie de leurs aides au développement local.

Le camping à la ferme ne totalise cependant qu'une capacité modeste, toujours secondaire par rapport à celle de l'ensemble de l'hôtellerie de plein air. Pourtant il est maintenant présent dans toutes les régions françaises, avec une place de choix dans les zones de montagne (16,5 % pour Rhône-Alpes) ou celles voisines des littoraux, par exemple dans tous les départements côtiers de l'Aquitaine, du Languedoc-Roussillon, du Poitou-Charentes.

V. — **Les hébergements divers :**
une situation mouvante

Les unités de tourisme social ou collectif non commercial furent développées dès l'avant-guerre, puis connurent un renouveau accompagné d'une importante modernisation, dans les années 1960. Ces organismes participèrent alors directement au premier essor touristique du milieu rural, dont ils furent parfois des animateurs essentiels. De plus les centres et les villages de vacances ont assez souvent joué un rôle décisif dans la vie de certaines communes. Leur apport financier a pu être considérable sur le plan local, l'investissement immobilier, la taxe professionnelle, la consommation directe, l'animation estivale injectant des sommes sans commune mesure avec les revenus traditionnels.

Aujourd'hui l'hébergement collectif se trouve confronté à des problèmes de trois ordres :

— Comme les autres formes de tourisme rural, il doit faire face à la modification de la demande, laquelle stagne parfois et, surtout, révèle des composantes nouvelles, les séjournants souhaitant tout à la fois des prix bas, plus de confort et moins de sujétion à la vie collective, tout en escomptant des services communs efficaces (garde d'enfants par exemple) ;

— Le vieillissement des installations est aussi en cause, plusieurs centres de vacances ayant mal supporté le temps ;

— Enfin, les filières de réservation habituelles se révèlent moins efficaces, du fait des changements de la consommation de loisirs des ménages. Aussi quelques institutions calquent-elles désormais leur démarche sur celle des opérateurs commerciaux, prévoyant notamment un classement normalisé de leurs hébergements, sur la base de prix hiérarchisés.

L'espace rural conserve une part importante de la capacité d'accueil du tourisme social et collectif français :

— 40 % des lits des villages de vacances *(VVF, VAL, Renouveau, Relais Soleil)* ;
— 45 % des moyens d'hébergement des Maisons familiales ;
— 40 % de ceux des colonies de vacances ;
— 52 % de la capacité des Auberges de jeunesse.

Les principaux organismes sont à la recherche de formules nouvelles leur permettant de conforter leur développement. Le temps des investissements immobiliers massifs semble révolu, laissant place à des tentatives d'adaptation à l'individualisme ambiant (gîtes « éclatés » par exemple) et à une multiplication des activités et des services proposés, ceci en fonction des évolutions parallèles des cellules familiales et des concepts ludiques dominants.

Chapitre VII

LES RÉSIDENCES SECONDAIRES

L'expansion des résidences secondaires date des années 1960-1970 car toutes les couches sociales s'y intéressent alors. En 1981 le taux de possession d'un logement de vacances (21,6 % chez les cadres supérieurs, 11,3 % chez les cadres moyens) montrait clairement le rôle des revenus élevés, mais les catégories populaires participaient aussi à cet engouement (11,3 % de propriétaires parmi les artisans, 8 % chez les employés, 5,5 % chez les ouvriers).

Ceci explique la grande diversité du bâti servant de résidence secondaire et celle des termes qui s'y rattachaient : cabanon, pied-à-terre, coup de pêche, fermette, maison de campagne, villa.

La progression statistique a été spectaculaire : 600 000 unités en 1960, 1 200 000 en 1982, 2 800 000 en 1990. En dépit d'un certain tassement dû à la crise immobilière, il semble que 60 000 résidences secondaires s'ajoutent chaque année au parc existant. Cependant, celles qui sont installées dans les communes rurales ont augmenté moins vite que les autres, même si elles atteignent aujourd'hui les 1 500 000. Au contraire l'immobilier de loisir à la mer et à la montagne a progressé beaucoup plus rapidement, en particulier depuis 1980. On notera aussi que les chiffres fournis par les recensements ne sont pas exactement comparables d'une date à l'autre.

Ces réserves ne doivent pas faire sous-estimer la place des maisons de vacances dans les campagnes françaises. Outre leur potentiel d'hébergement (15 % des nuitées de l'été, 14,1 % de celles de l'hiver), elles prennent valeur de véritable phénomène économique. Souvent aussi elles ont attiré la clientèle étrangère.

I. — Un phénomène majeur
dans les campagnes françaises

La géographie des résidences secondaires résulte de la combinaison de plusieurs facteurs d'ordre très différent :

— La proximité des agglomérations urbaines, alimentant une demande permanente ;
— La facilité des relations routières ;
— L'ancienneté et l'importance de l'émigration rurale, libérant des bâtiments familiaux ;
— La réputation touristique de l'espace rural considéré ;
— Le degré de pénétration des touristes européens.

Une analyse attentive des chiffres souligne le poids très inégal des résidences secondaires dans l'immobilier rural. Dans certains départements encore peu concernés elles ne représentent que 10 ou 15 % des logements principaux (Nord, Nord-Est, Picardie). Au contraire dans le Massif central, les Pyrénées, les Alpes ou le Midi les maisons de vacances constituent souvent la moitié environ de l'ensemble des logements. Là, elles alimentent des rentrées décisives d'argent, tant pour les artisans et les commerçants que pour les budgets municipaux. Supportant de lourdes taxes d'habitation, elles compensent fréquemment la fonte de la matière fiscale communale résultant du vieillissement et de la chute de la population résidente.

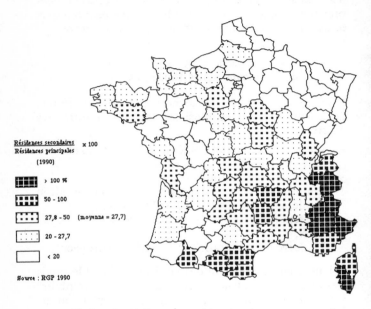

Fig 2. — Les résidences secondaires dans les communes rurales.

Dans les départements des littoraux touristiques les secteurs purement ruraux restent peu pourvus en résidences secondaires, la plupart d'entre elles se concentrant dans les stations du bord de mer. Ainsi en Charente l'influence de Royan se limite à une frange côtière étroite, tant pour les constructions neuves que pour les restaurations.

Plus au nord, dans les pays de Loire, les départements dépourvus de façade maritime : Maine-et-Loire, Mayenne et Sarthe, n'abritent que 23,4 % du parc régional de logements de vacances. De plus, la progression de ceux-ci est régulière, mais modeste : 3,6 % entre les deux derniers recensements pour la Sarthe, 5,3 % pour le Maine-et-Loire, contre 24,6 % pour la Vendée.

L'espace rural français apparaît donc encore assez inégalement concerné par l'installation des résidences secondaires. Outre les disparités de leur répartition géographique, on constate que leurs détenteurs recherchent certains types de localisation, vraisemblablement en fonction de l'attrait de chaque site, mais aussi sans doute de la proximité de bourgs de bon niveau, offrant services de base et équipement commercial. En effet, l'analyse de la taille de la commune montre trois paliers caractéristiques :

— Les plus petites unités, de moins de 200 habitants par exemple, qui couvrent 22,7 % de la superficie du territoire français, ne regroupent que 15,2 % des résidences secondaires du milieu rural. De la même façon les communes de 200 à 500 habitants ne rassemblent que 26,3 % du parc, pour 32,2 % de la superficie.

— A l'inverse la classe des 500-1 000 habitants et surtout celle des plus de 1 000 abritent respectivement 25,3 et 33,2 % des résidences secondaires, pour 23,8 et 21,3 de l'espace rural.

Il semble donc que le postulat associant processus de désertification et occupation des campagnes pro-

fondes par des propriétaires forains en quête de logements de loisir, ne soit pas vérifié. En fait, l'expansion
des résidences secondaires profite plutôt aux communes de taille moyenne ou supérieure. L'existence
d'une polarité locale : site touristique majeur, centre de
services, carrefour de circulation, tend à densifier les
maisons de campagne.

Le Ségala et le Lézévou contigus illustrent de façon caractéristique les processus d'apparition, puis de développement d'un
parc conséquent de résidences secondaires dans une petite région
restée longtemps purement agricole.
    En effet, avant la vogue du tourisme vert, les attraits récréatifs
de celle-ci ne semblaient pas très nombreux :

— Le relief du plateau ségali est assez banal. Cependant, des
   gorges profondes, comme celles de l'Aveyron et du Viaur
   agrémentent le paysage et offrent des parcours de promenade
   intéressants ;
— Les sites monumentaux, d'abord très mal valorisés, enrichis-
   sent maintenant la zone, en particulier de très beaux villages
   (Najac, Sauveterre-de-Rouergue) dont l'architecture est
   remarquable. Leur restauration réussie en a fait de véritables
   petits pôles touristiques ;
— Les deux agglomérations proches : Albi-Carmaux et Rodez,
   s'intéressaient peu aux logements vacants dans leur voisinage
   rural, même si quelques familles de mineurs ou d'employés,
   issues du Ségala, y possédaient cabanons et coups de pêche,
   le long du Viaur et de ses affluents par exemple.

Or, à partir des années 1960, deux faits nouveaux allaient faire
du Ségala l'une des zones d'expansion rapide des résidences
secondaires dans le sud-ouest du Massif central. D'une part EDF
terminait alors plusieurs plans d'eau (Pareloup) au moment
même où le nautisme se répandait parmi les catégories aisées des
villes, en plein essor à Albi et à Rodez : professions libérales,
cadres supérieurs, commerçants prospères. D'autre part, de
nombreux touristes d'origine plus lointaine : Parisiens, étrangers
en particulier, découvraient cette région.
    Une demande subite se porta vers les bâtisses rurales, mais en
même temps un mouvement de construction notable érigea des
maisons de vacances neuves dans quelques sites. Aujourd'hui, le
parc de résidences secondaires du Ségala-Lévézou apparaît très

diversifié quel que soit le critère considéré : répartition géographique, origine et statut social des propriétaires :

— Les lacs de barrage du Haut-Ségala et du Lévézou ont induit la formation d'une petite riviéra de constructions neuves de bon standing, voire de luxe, appartenant en majorité à des familles citadines de Rodez, de Montpellier ou de Toulouse ;
— Les gorges dépeuplées du Viaur et de l'Aveyron, très pittoresques, sont devenues des secteurs privilégiés d'installation de résidents secondaires. S'y côtoient des émigrés originaires de ces communes, habitant en particulier les villes proches, et des propriétaires venus de plus loin et ayant réalisé des restaurations plus ou moins coûteuses. De nombreux étrangers : Belges, Néerlandais et Anglais aujourd'hui, ont renforcé la demande de vieilles bâtisses ;
— Le plateau ségali proprement dit demeure largement agricole, l'agriculture familiale en fermes modernisées occupant l'espace de façon continue et ne libérant que peu de belles maisons.

L'installation des résidences secondaires y semble gênée à la fois par l'aspect très cultivé et utilitaire des terroirs, par les nuisances du travail des champs ou de l'élevage et par le voisinage du bâti traditionnel, éventuellement vacant, avec les hangars et autres locaux d'exploitation, pour le moins peu esthétiques.

II. — Les différents types de résidences secondaires et leur signification socio-économique

L'intérêt des résidences secondaires pour les communes qui les abritent semble très variable selon la nature du logement, sa taille, son confort, sa valeur architecturale, mais aussi le statut socioprofessionnel des propriétaires, qui conditionne souvent directement le niveau des dépenses.

— L'image la plus populaire a été celle de la vieille ferme *(fermette, bergerie, mas)* abandonnée, puis rachetée par un citadin qui la restaure avec « amour ».

Ce type de maisons de campagne se dispersent dans les écarts et les hameaux, mais nombre d'entre elles font aussi partie d'un village ou d'un bourg, comme nous l'avons souligné plus haut. Elles sont fréquentes dans les secteurs très dépeuplés du Massif central, de la Gascogne ou des montagnes méridionales : Cévennes, Pyrénées, Alpes sèches de l'intérieur.

Les propriétaires sont assez souvent des émigrés ayant hérité d'anciens bâtiments d'exploitation. Ordinairement, il s'agit de salariés moyens ou modestes, ne disposant pas de très fortes sommes.

Cependant, dans certaines zones à la mode, la vogue des résidences secondaires « authentiques » et l'arrivée des étrangers esquissent un autre profil socio-économique. Ainsi les bergeries et les *bastides* du Lubéron, les maisons de maître de la Provence, voire certaines grandes fermes des Causses, attirent une clientèle riche, n'hésitant pas à payer ces bâtisses très cher, puis à poursuivre ces investissements dans la phase de réhabilitation.

En définitive, le gisement financier que constituent les bâtiments anciens des hameaux, des villages et des bourgs transformés en maisons de vacances, se révèle très inégal selon les régions, résultant autant de données immatérielles que de la valeur vénale réelle. En effet, celle-ci dépend de la nature et de la qualité du bâti local, mais plus encore de la tension qui s'exerce sur chacun des micromarchés. Interviennent alors des phénomènes de mode et de marquage social, qui ont joué par exemple en faveur de l'Ardèche ou du Périgord et surtout de la Provence, dans laquelle tel ou tel secteur a été « lancé » par des groupes restreints d'intellectuels, d'artistes, d'hommes politiques. Dans le Lot la ruée de certaines personnalités du microcosme parisien, qui accompagna l'installation du président Georges Pompidou, est symptomatique de ces flux et reflux.

Le niveau des dépenses de restauration et de décoration est directement fonction des ressources du propriétaire, mais aussi de l'utilisation concrète de la résidence secondaire : épisodique, uniquement estivale ou à toutes les saisons, ce qui rend par exemple obligatoire la pose d'un chauffage moderne. De même les pratiques de loisir interviennent dans la création d'annexes, comme les piscines, les terrains de tennis, les catégories supérieures étant une fois de plus les seules capables de financer ce type de réalisation. Ainsi, en Périgord, la prospection systématique de certaines agences immobilières aux Pays-Bas et en Angleterre a permis de drainer une clientèle riche, prête tout à la fois à absorber la hausse régulière du prix initial des bâtisses, le poids financier des belles restaurations et la création d'installations récréatives nouvelles : courts de tennis, mini golfs, etc.

— Les résidences secondaires neuves ne datent pas seulement de la période récente.

Cependant, elles se sont surtout multipliées après 1960, sous l'effet de la forte demande de logements de vacances et de l'engouement en faveur de la maison individuelle, les familles de niveau social moyen, typiques de la société urbaine moderne, alors en formation, s'efforçant de compenser une existence quotidienne vécue en appartement par le sentiment de liberté que pouvait leur offrir la possession d'une parcelle de terrain sur le littoral, en montagne ou dans l'espace rural.

Il revient aux responsables locaux d'opérer un choix important : celui de la taille minimale des terrains constructibles. Par le truchement du prix elle sélectionne les acquéreurs et détermine au moins en partie la nature et le standing de la construction qui sera édifiée plus tard. A plus long terme, les dépenses de consommation effectuées durant les séjours, mais aussi le niveau des taxes d'habitation à percevoir par la commune dépendront de cette politique initiale.

III. — Les questions afférentes aux résidences secondaires

La transformation en maisons de vacances de vieux bâtiments, comme la construction de résidences secondaires neuves, apportent à l'évidence des ressources nouvelles et contribuent à réanimer les communes exangues. Cependant, dans les zones où elles se concentrent fortement, elles peuvent induire un certain nombre de charges imprévues pour les collectivités territoriales, voire imprimer une marque particulière à la vie sociale.

1. La réhabilitation du patrimoine immobilier local. — La vente de vieilles fermes, promues maisons de campagne, comme celle des terrains à bâtir ou de loisir, injectent des sommes parfois considérables dans les communes concernées, même si les vendeurs habitent eux-mêmes éventuellement à la ville.

Ainsi, en 1994, les SAFER ont identifié 23 000 acquisitions par des citadins d'immeubles ruraux bâtis ou de surfaces de moins de 3 ha. Ces achats, en progression de plus de 9 %, ce qui confirme la durabilité du goût pour la résidence à la campagne, s'élèvent en moyenne à 410 000 F, les extrêmes départementaux s'échelonnant de 160 000 F dans la Creuse à 1,6 million dans les Alpes-Maritimes. Il est vrai qu'une partie de ces investissements d'origine urbaine sont destinés à des logements permanents, mais il n'en demeure pas moins que le phénomène des résidences secondaires gonfle de façon souvent inattendue la masse des capitaux circulant dans les communes dépeuplées.

Cependant, il semble que l'apport le plus intéressant provienne de la restauration ou de la construction, puis des travaux d'entretien nécessaires. Chacun de ces types de dépenses profite à l'artisanat local, parce que le citadin tient à bénéficier des services, réputés de qualité, des maçons ou des menuisiers du cru. Parfois d'ailleurs, il ne dispose pas d'autre possibilité, le tissu artisanal étant très réduit.

Dans les secteurs de forte densité de résidences secondaires (Périgord, Provence par exemple) une demande soutenue a fait naître des formules modernes, dont l'ampleur dépasse le niveau de l'artisanat villageois, qui travaille alors comme sous-traitant. Certaines entreprises moyennes se sont spécialisées dans les maisons de vacances réservées à une clientèle aisée, les livrant clé en main, qu'il s'agisse de construction ou de rénovation. Ailleurs ce sont les artisans eux-mêmes qui ont formé des groupements multi-métiers, pour répondre à l'ensemble des besoins de la clientèle potentielle. Les Sica Habitat rural interviennent aussi assez fréquemment comme maître d'œuvre ou comme conseil des propriétaires extérieurs.

En dehors de l'apport financier, on soulignera également le rôle des résidences secondaires dans la conservation ou la renaissance des techniques de construction ou des façons anciennes, comme le travail de la pierre de pays, l'utilisation des liants régionaux, l'emploi des couvertures traditionnelles.

2. **Résidences secondaires et consommation.** — Sans atteindre les sommes dépensées lors des séjours en hôtel, les habitants des résidences secondaires forment une clientèle plus ou moins captive, obligée de fréquenter les commerces et les services des bourgs ou des petites villes. Toutefois, lorsque ces logements sont surtout utilisés pour les fins de semaine, l'approvisionnement a souvent lieu avant le départ, dans les grandes surfaces urbaines, les citadins se contentant d'acheter au village quelques aliments spécifiques : pâtisserie, volailles, pain de « campagne » par exemple.

On peut aussi évoquer les achats auprès des agriculteurs. Ils sont très variables d'une région à l'autre : nuls dans les zones de céréaliculture dominante, inégaux en polyculture familiale (fromages, porc, confits maison), beaucoup plus significatifs pour certaines productions spécialisées, comme les fruits, les vins, les alcools régionaux.

L'évaluation des dépenses des résidents secondaires est malaisée, tant au niveau individuel qu'à celui des rentrées globales. Les enquêtes révèlent en effet des ordres de grandeur assez dissemblables. Ainsi, dans les pays d'accueil, les dépenses journalières moyennes observées en 1991, variaient de 60 F par personne dans des zones sans beaucoup d'activités ludiques marchandes, comme le Val de Saintonge, à 186 F dans les Maures.

Un bilan effectué par le Comité régional du tourisme des pays de Loire corrobore l'existence de forts contrastes entre secteurs géographiques. En 1992, sur la base d'une dépense moyenne de 140 F par personne, les séjours en résidence secondaire des départements les plus ruraux (Maine-et-Loire, Mayenne, Sarthe) ne totalisaient que des sommes relativement modestes, face à leur apport pour la Loire-Atlantique ou la Vendée, où le littoral joue un rôle fondamental. Toutefois, les résidences secondaires procurent 23,8 % des rentrées touristiques du Maine-et-Loire, 32,6 % en Mayenne et 41,9 % dans la Sarthe, ce qui souligne bien leur intérêt essentiel.

3. **Les inconvénients des résidences secondaires.** — En premier lieu leur expansion entraîne à l'évidence une flambée des prix immobiliers et fonciers, du moins pour les petites surfaces. Si, dans bien des cas, ce redressement a un effet tout à fait bénéfique sur le marché local, des poussées spéculatives peuvent surgir, introduisant une concurrence, parfois exacerbée, entre les acheteurs étrangers à la région et la population résidente. Ainsi le logement des jeunes ménages peut se révéler difficile ou anormalement onéreux, si tous les bâtiments disponibles se trouvent reconvertis en mai-

sons de vacances, ne laissant guère de place à une offre de location suffisante.

Les résidences secondaires pèsent aussi sur les charges collectives, même si dans un premier temps l'aubaine de taxes d'habitation nouvelles a pu séduire les municipalités. Leur prolifération fait apparaître des coûts inattendus de desserte : adduction d'eau, routes, évacuation des ordures ménagères par exemple. L'installation de nouveaux habitants saisonniers dans certains hameaux ou écarts, dans lesquels ne vivaient plus que quelques habitants, oblige aussi à maintenir l'apport collectif à ces lieux-dits promis à une disparition proche.

Dans certaines zones de forte densité de maisons de campagne leurs propriétaires se sont inscrits sur les listes électorales et font ainsi d'autant mieux valoir leurs droits et leurs prétentions matérielles. Assez souvent aussi ils se font élire dans les conseils municipaux, voire à la tête de la commune. Cette situation n'est pas rare autour de Paris : dans le Perche, la Normandie rurale, l'Yonne, la Nièvre, le Loiret. Alors peuvent émerger des clivages d'intérêts, les Parisiens rejoignant les commerçants et certains artisans pour promouvoir une politique locale du « tout pour les touristes », alors que les agriculteurs ou d'autres catégories exigent des mesures d'un autre type. Des conflits éclatent, par exemple à propos des chemins vicinaux et agricoles, du logement social, du développement industriel, des élevages polluants.

Dans les régions les plus étroitement soumises à l'influence urbaine (Normandie, Sologne, Val de Loire) des formes nouvelles de résidences secondaires apparaissent : « domaines » divers, parcs résidentiels, propriété en temps partagé, même. Rationnellement organisés, devant avant tout satisfaire financièrement leurs promoteurs et certains souhaits de leurs utilisateurs (services collectifs et gardiennage notamment) ces structures constituent des sortes de kystes ludiques, mal intégrés au milieu environnant, parce que vivant en vase clos. Ces unités vont à l'encontre du principe admis du tourisme vert, dans lequel le contact avec les hommes et les terroirs est considéré comme essentiel. Mais les exigences concrètes d'une certaine clientèle citadine, plus jeune, et moins enracinée dans l'espace rural que les générations d'adultes, encouragent à la création d'autres ensembles ludiques de cette nature.

Chapitre VIII

TOURISME ET AGRICULTURE

Paradoxalement, alors que l'agritourisme bénéficie d'une attention toute particulière de la part des acteurs de l'aménagement rural et jouit d'une véritable cote de sympathie parmi les chercheurs économistes, géographes ou sociologues, il est resté un phénomène quantitativement très marginal, si l'on considère le nombre ou la proportion d'exploitations agricoles qui le pratiquent : moins de 2 % de l'ensemble.

Le tourisme demeure donc une activité secondaire, dont le développement propre s'est déroulé parallèlement à la révolution productiviste contemporaine des campagnes.

I. — Les exploitants agricoles face au tourisme

La répartition spatiale des fermes ayant déclaré un hébergement ou une activité touristiques au dernier recensement de l'Agriculture met en valeur de très forts contrastes entre les zones les mieux pourvues et les autres. On lit parfaitement l'influence des littoraux et de la montagne, de vastes espaces intérieurs se révélant fort peu entraînés dans l'accueil, celui-ci n'y mobilisant qu'une infime part des exploitants.

La minorité d'agriculteurs pratiquant l'accueil touristique et la majorité écrasante de ceux qui l'ignorent

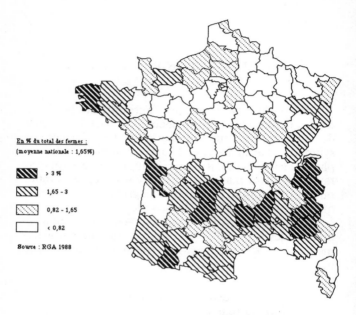

En % du total des fermes :
(moyenne nationale : 1,65%)

▨ > 3 %

▨ 1,65 - 3

▨ 0,82 - 1,65

☐ < 0,82

Source : RGA 1988

Fig. 3. — Tourisme et agriculture : fermes pratiquant l'hébergement.

ou lui sont délibérément hostiles constituent deux milieux aux préoccupations divergentes, voire parfois contradictoires. Les tenants du progrès technique continu et d'un système productiviste puissant ont rejeté les activités ludiques et les repoussent encore fermement, démontrant que s'engager dans l'hébergement à la ferme ou dans la prestation de service revient à consentir à se marginaliser vis-à-vis de la dynamique de nécessaire modernisation en cours et d'orientation vers les marchés de l'agro-alimentaire.

Les structures professionnelles agricoles (CNJA, FNSEA, Chambres d'agriculture) n'ont intégré l'agritourisme dans leur discours officiel qu'après 1985, en le considérant alors comme un élément de la pluriactivité ou de la diversification des exploitations, mais aussi comme une illustration opportune de l'ouverture du monde paysan sur l'extérieur.

Cependant les instances représentatives, comme les services spécialisés du ministère de l'Agriculture, préconisent une exploitation récréative de l'espace rural résolument moderniste, dans laquelle semblent pouvoir mal s'insérer certaines pratiques habituelles des loisirs verts traditionnels, marquées à l'évidence par l'empirisme.

« Le tourisme, écrit par exemple la Cellule de la Direction de l'espace rural et de la forêt, peut, de toute évidence, être une réelle chance de développement économique pour un certain nombre de zones rurales, notamment pour les zones fragiles confrontées aux mutations inéluctables de leurs activités traditionnelles...

« Mais il ne suffira pas de valoriser les ressources naturelles ou culturelles d'un territoire, de multiplier les aménagements, les hébergements et l'animation pour créer un véritable produit touristique...

« Finie l'économie de cueillette ; on ne peut plus se contenter d'attendre les clients... Cela suppose pour les professionnels de s'organiser afin d'atteindre une masse critique suffisante, de manière à dégager des marges permettant de négocier avec les tours-opérateurs... » (extrait de *Initiatives rurales,* 1991, n° 10).

Cette vision des économistes sur les structures du tourisme rural, comme l'évolution que nous avons sans cesse soulignée des exigences qualitatives de la clientèle actuelle, placent aujourd'hui le candidat à l'agritourisme face à un choix crucial. Il doit en effet analyser et trancher trois types de questions :

— Il lui faut d'abord s'interroger sur la complémentarité récréation-agriculture sur sa propre exploitation, en fonction de ses paramètres spécifiques ;
— Il doit aussi se demander s'il a la capacité d'assumer véritablement la logique de professionnalisation accrue, telle que précisée ci-dessus ;
— Enfin, il devra affronter la concurrence, voire l'hostilité, des acteurs non agricoles du tourisme vert, tant au niveau local que général.

En fait les agriculteurs qui se sont orientés vers le tourisme l'ont fait sous l'influence de motivations complexes, qui se superposent d'ailleurs souvent, sans que leur rationalité soit totalement explicitée. Selon une enquête par l'APCA en 1989, elles s'établissaient de la manière suivante : considérations d'abord financières : 66 % ; désir d'ouverture et de contact : 63 % ; valorisation des bâtiments existants : 43 %.

Les exploitants pratiquant l'agritourisme n'offrent pas un profil socioprofessionnel radicalement différent de celui du reste du milieu agricole. En effet, dans la grande majorité des cas, l'accueil ou l'hébergement ne sont apparus qu'assez tard dans la vie de ces fermes, après cinq ou dix ans de production traditionnelle exclusive. Puis, la décision devenant effective, la montée en puissance des activités de récréation, à la fois en volume de travail et dans les revenus, apparaît très progressive. Ainsi dans l'enquête de l'APCA précitée, 87 % des adeptes du tourisme vert ont d'abord voulu mettre en place un simple complément de ressources, en le considérant comme secondaire ou marginal par rapport à la culture ou à l'élevage classiques. Par contre, par la suite, semble se produire une sorte d'autoconsolidation, en particulier parmi ceux qui ont choisi l'agritourisme depuis les années 1985-1990.

Alors que les recensements agricoles et les études plus spécifiques indiquent que le tourisme peut être présent dans toutes les classes de taille et qu'il s associe à tous les types de productions, on constate pourtant que l'agritourisme s'insère plutôt imparfaitement dans la dynamique de concentration foncière et économique actuelle, qui renforce de façon spectaculaire les grandes exploitations.

En effet il reste largement associé au monde de la polyculture familiale et aux fermes de taille moyenne ou plus réduite. Ainsi une étude récente réalisée dans le Massif central aboutit à la répartition suivante :

— dans 22 % des cas la SAU est inférieure à 20 ha ;
— dans 60 % elle se situe entre 20 et 90 ha ;
— enfin 18 % des exploitations pratiquant une activité ludique dépassent ce seuil de 90 ha.

Ces unités disposent généralement d'une main-d'œuvre plutôt abondante, voire en surnombre en regard des seules exigences de leurs productions principales. Le tourisme, même très saisonnier, constitue alors un moyen de rémunérer les conjointes ou les aides familiaux présents.

On notera aussi que chaque domaine récréatif a ses propres exigences en temps de travail et, donc, en main-d'œuvre familiale ou extérieure à la famille paysanne. Ce sont les fermes équestres ou les auberges qui se montrent les plus absorbantes, tandis que le camping ou les gîtes ne supposent qu'une présence beaucoup plus légère ou irrégulière. Selon l'APCA les données moyennes annuelles varient de 169 heures pour la tenue d'un gîte à 3 229 heures dans une ferme auberge et à 3 285 dans un domaine équestre.

L'équipe familiale constitue l'élément majeur de la réussite ou de l'échec du loisir à la ferme. C'est donc dans le domaine très subjectif du contact humain que réside en grande partie l'originalité des agriculteurs ayant choisi le tourisme comme moyen d'améliorer les résultats de leur ferme, plutôt que de créer un atelier hors sol ou d'aller occuper un emploi salarié rural ou urbain.

II. — **Revenus touristiques et stratégie d'exploitation**

Depuis quelques années un nombre croissant d'agriculteurs s'interroge donc sur la fiabilité des stratégies productivistes précises qu'ils avaient pu initier avant la crise actuelle. Pour eux l'idée de diversification s'impose comme un palliatif séduisant ou comme une nouvelle manière de conduire durablement leur gestion.

L'agritourisme peut apparaître d'abord comme le seul moyen de poursuivre le développement d'une exploitation dont la capacité d'autofinancement est bloquée par la régression drastique des marges bénéficiaires ou par le carcan des quotas. Dans cette optique l'agriculteur dynamique aura le sentiment de retrouver là un champ d'activité encore ouvert, dans lequel son esprit d'initiative et son énergie ne se heurteront pas aux butoirs des réglementations et des prix fixés ou écrasés.

Ainsi s'explique le fait que certains exploitants de pointe aient lancé une activité agrotouristique, tout en poursuivant leurs productions intensives au niveau maximum. On peut citer des fermes charentaises ou périgourdines qui ont adjoint de véritables complexes récréatifs à la céréaliculture, à la viticulture ou à l'élevage-polyculture. Ces ensembles comprennent par exemple des gîtes et des chambres avec ou sans table d'hôtes, ou une auberge paysanne, qui s'appuient sur un atelier de quelques milliers de volailles (canards et oies notamment) fournissant la base des menus et des ventes directes de spécialités régionales, proposés aux personnes hébergées sur place ou aux touristes de passage.

Outils d'une diversification ambitieuse, l'accueil et les prestations qui lui sont liées deviennent plus habituellement des pourvoyeurs de revenus complémentaires, parfois aussi de sauvetage d'une entreprise agricole aux résultats aléatoires, en particulier dans le groupe des petites et moyennes exploitations. L'agritourisme permet alors de valoriser des atouts personnels incomplètement exploités.

Enfin certains domaines du loisir à la ferme impliquent une stratégie de spécialisation dès l'origine ou prennent très vite beaucoup d'importance lorsqu'on atteint la vitesse de croisière. Il en va ainsi des auberges et des fermes équestres.

L'évaluation des revenus réels procurés aux agriculteurs par le tourisme rural s'est souvent révélée hâtive ou entachée de présupposés plus ou moins irrationnels. Or, le contexte d'aujourd'hui n'est plus compatible avec une appréciation floue de l'intérêt économique des activités récréatives.

D'une part les stratégies exposées brièvement ci-dessus en font un poste à part entière des revenus des exploitations concernées. D'autre part l'essor et la diversification récente des pratiques de loisir accroissent à la fois les chiffres d'affaires et les coûts correspondants, dont il convient de bien identifier la nature et le coût.

Deux postes essentiels suscitent une attention particulière : l'investissement et les charges de fonctionnement (charges opérationnelles).

L'investissement se révèle d'importance très inégale selon le type d'activité récréative. Cependant, il a tendance à augmenter dans tous les secteurs. Ainsi le premier camping à la ferme a pu apparaître très attractif sur le plan financier, compte tenu de la faiblesse des immobilisations consenties par les initiateurs de la formule. Désormais les chiffres atteints amènent à examiner avec précision la validité financière des projets ou la rentabilisation des terrains déjà en fonctionnement. L'enquête APCA de 1989 établit à 55 000 F la moyenne des investissements par camp. Aujourd'hui des niveaux de 11 000 à 14 000 F par emplacement sont facilement nécessaires.

Le domaine de l'hébergement en dur enregistre lui aussi un alourdissement incontestable des dépenses de création ou d'aménagement de locaux, qui varient avec la part qu'y prend le travail personnel de l'exploitant et, surtout, avec le degré de confort souhaité. Pour les chambres d'hôtes la présence de plus en plus fréquente de salles de bains et de toilettes privées contribue fortement à ce renchérissement. On peut situer les coûts habituels dans une fourchette de 50 000 à 250 000 F, contre 150 000 à 350 000 pour les gîtes ruraux réalisés dans des bâtiments existants.

Mais ce sont les fermes équestres et les auberges qui contraignent aux plus fortes immobilisations, de l'ordre de 500 000 à 1 million de francs. A ce stade la démarche doit devenir très étudiée.

Ces volumes financiers, résultant d'enquêtes sur un échantillon national, se retrouvent à peu près inchangés lorsqu'on examine le bilan chiffré des réalisations individuelles ou de celles contrôlées par les associations à l'échelle départementale ou locale. Par exemple, les travaux entrepris dans la Vienne en 1992, sous l'égide des Gîtes de France, se chiffrent de la façon suivante (coût moyen par réalisation, en francs) :

Créations de gîtes	250 000
Créations de chambres d'hôtes	80 000
Rénovations de gîtes	75 000
Rénovations de chambres	20 000

Le candidat à l'agritourisme se voit donc obligé de trouver des fonds de plus en plus importants et de solliciter un support bancaire, notamment s'il veut disposer dès le début ou développer dans la durée des capacités d'accueil susceptibles de générer des rentrées d'argent constituant pour lui un véritable revenu. Ceci impose une logique entrepreneuriale et un examen critique de l'effort financier à consentir autour de trois questions :

— Le retour sur investissement, qui dans beaucoup de cas est lent (pour les gîtes ruraux par exemple) ;
— Le poids des charges de structure par rapport au chiffre d'affaires et aux charges opérationnelles ;
— La possibilité de supporter en même temps une injection de capitaux à fins récréatives et une autre destinée à l'agriculture, l'investissement touristique pouvant obérer la modernisation des moyens productifs de la ferme.

Les charges de fonctionnement sont aussi à surveiller avec attention car elles se révèlent très différentes d'un secteur ludique à l'autre et selon la façon de gérer, par exemple du fait du poids inégal de la main-d'œuvre familiale. Les normes actuellement admises situent les charges opérationnelles des hébergements sans restauration entre 18 et 25 % des recettes brutes, tandis que les formes plus complexes de l'agritourisme les verraient varier de 30 à 50 % (49 % pour les fermes auberges, 51 % pour les fermes équestres).

Les coûts de fonctionnement constituent donc aujourd'hui un paramètre majeur dans la décision stratégique d'introduire l'agritourisme sur l'exploitation.

Celle-ci doit en premier lieu prendre en compte la marge unitaire que procure chaque prestation, mais aussi le volume global de revenu disponible lorsque charges opérationnelles et de structure ont été défalquées du produit brut. Un choix raisonné supposerait que le bénéfice touristique rémunère le capital investi et représente une rentrée significative dans le budget de la famille agricole. Sinon, s'engager dans l'accueil et la récréation relève d'une préférence personnelle pour ce type d'activité, au détriment de la production classique. Si l'agriculteur se situe dans la logique de diversification, pour échapper aux contraintes des marchés saturés, la sélection lucide d'un secteur rémunérateur de l'agritourisme est plus impérative encore.

Lorsqu'il s'agit d'exploitations d'élevage, certaines formes d'agritourisme (fermes équestres, parcs animaliers, fermes pédagogiques) obligent à examiner le résultat par animal. Ainsi les meilleures installations de loisirs équestres dégagent une marge nette de plus de 5 500 F par cheval, alors que les moins bien gérées voient celle-ci s'annuler ou se transformer en perte légère. Ces chiffres doivent évidemment être comparés à ceux que donnerait un élevage laitier ou à viande.

Enfin charges et résultat net amènent à analyser la rémunération horaire du travail consacré à l'activité touristique. Un éventail allant de 20 à 100 F semble refléter les réalités. Cependant, on constate qu'il n'existe pas de lien direct entre le temps effectif passé à ces travaux et leur valorisation horaire nette. Paradoxalement ce sont souvent les formes d'accueil les moins exigeantes en présence ou en main-d'œuvre (camping, meublés) qui assurent les plus importantes rétributions horaires, alors que les auberges ou les fermes équestres les moins performantes se situent à un niveau nettement inférieur.

On touche là aux limites des axiomes sur la professionnalisation de l'agritourisme. L'augmentation de l'investissement requis, la montée des charges opérationnelles, les exigences en temps de travail des services les plus complexes risquent de comprimer gravement les résultats nets globaux et, par voie de conséquence, la rémunération horaire personnelle du gestionnaire ou des autres membres de la famille concernée.

La pérennité de l'accueil touristique sur une exploitation dépend à la fois du bilan financier et de l'évolution du groupe familial dans le temps. Ainsi se pose la question de la transmission des deux activités : agriculture et prestations récréatives. L'expérience montre que succession sur la ferme proprement dite et reprise du volet agritourisme ne vont pas toujours de pair, loin s'en faut, certains jeunes agriculteurs n'étant pas prêts à poursuivre une orientation ludique qui leur apparaît marginale ou caractéristique de l'insuffisance du calcul économique dont souffrait la gestion de leurs parents lesquels, pourtant, avaient cru à l'agritourisme comme facteur de modernisation de leur exploitation.

Chapitre IX

TOURISME
ET DÉVELOPPEMENT LOCAL

Comme nous l'avons déjà souligné à plusieurs reprises, ni la vocation récréative des campagnes, ni le bénéfice qu'elles tireraient d'une vigoureuse expansion du tourisme vert ne semblent désormais susciter de réserves.

Cependant, il est également clair que l'évolution en cours du loisir rural peut davantage attirer des opérateurs extérieurs qui interviendront sur des critères purement économiques, les risques de reconversion, de déplacement ou d'abandon pur et simple d'activité se multipliant. De la même façon il n'est pas certain que la maîtrise des prestations ludiques par les autochtones, agriculteurs ou non, garantira à terme les revenus tirés du tourisme. La versatilité des séjournants, obéissant de plus en plus aux logiques de la consommation (recherche systématique du meilleur prix, de la variété des produits, sensibilité aux modes successives) peut condamner tel ou tel secteur récréatif, telle ou telle petite région.

I. — **Tourisme, activité économique et développement local**

On assiste à un véritable foisonnement d'innovations touristiques, marquant aujourd'hui le devenir des espaces locaux et susceptibles d'influencer favorablement leur évolution économique et leur dynamisme.

Cependant, les activités ludiques actuelles doivent s'insérer dans des contextes micro-régionaux bien précis, à l'intérieur desquels pèsent les handicaps et les atouts de l'existant.

— Qu'il s'agisse du choix d'un particulier ou de l'orientation d'une politique collective, une première interrogation porte sur l'opportunité même de l'investissement touristique par rapport à d'autres. Les critères de décision s'expriment notamment en termes de rentabilité financière et en termes d'emploi.

Ainsi une municipalité devra choisir entre financer une unité ludique et bâtir un atelier relais, en prenant en compte non seulement les coûts respectifs, mais aussi les postes de travail potentiel et leur nature.

— Le bien-fondé de l'expansion touristique étant établi, se pose la question de la juxtaposition de projets multiples et, par voie de conséquence, celle des instances de conception et de décision : communales, polycommunales, départementales ou régionales.

— Enfin, il est difficile de mesurer l'impact de la valorisation touristique sur l'économie traditionnelle d'un territoire. Les véritables bouleversements qu'ont connus certaines communes agricoles de montagne soumises à la poussée des sports d'hiver, donnent une bonne illustration de l'imprévisibilité de nombre de mutations radicales pouvant affecter l'agriculture, l'emploi local, voire les rapports sociaux internes de ces petites communautés soudain soumises à des flux massifs de séjournants et d'argent.

1. **Tourisme et dynamique locale.** — Comme il a été dit plus haut, l'échelon local a souvent servi de cadre à l'organisation institutionnelle du tourisme vert. Le particularisme, la notion d'identité d'origine histo-

rique, culturelle ou géographique, l'idée même de
« pays » sont devenus des valeurs ludiques et donc des
atouts pour le développement micro-régional.

Certains attribuent l'émergence de l'innovation touristique à l'existence d'un centre d'impulsion, domi-
nant et animant un espace périphérique. « L'archétype
du pays touristique, écrit par exemple Luc Mazuel,
serait donc un pôle du type bourg-centre et sa campagne environnante offrant au touriste des possibilités
d'hébergement et d'animation au milieu d'un espace
propice aux activités. »[1]

Pour sa part J.-F. Mamdy met en exergue la nécessité d'une combinaison d'éléments propres à certaines
zones rurales[2] :

— la création d'une dynamique entrepreneuriale, opposée au
  conservatisme patrimonial ;
— l'innovation s'opposant à la tradition ;
— attractivité épaulée par la notoriété et s'opposant à l'indiffé-
  rence, voire à la répulsion ;
— l'organisation sociale contrariant la tendance à la décompo-
  sition sociale.

La capacité d'innovation, la dynamique entrepreneuriale peuvent se rencontrer chez certains individus
ou au sein de groupements associatifs. D'où l'importance de ce que J.-F. Mamdy appelle « organisation
sociale » et que nombre de communautés rurales
déstructurées ne possèdent pas vraiment.

Mais il ne faut jamais oublier la dimension politique
de l'initiative locale, en matière de tourisme vert
comme dans bien d'autres domaines. Les fortes personnalités, les équipes municipales novatrices sont le
plus souvent au centre de la géométrie politico-spatiale

1. L. Mazuel, La résurrection des pays d'Auvergne : promotion touristique et « féodalisation », *Revue d'Auvergne,* 1995, t. 108, n° 4.
2. J.-F. Mamdy, Le tourisme de pays vecteur du développement
local, in *Des régions paysannes aux espaces fragiles,* CERAMAC, 1992.

des pays touristiques. La délimitation de ces derniers porte donc fréquemment la marque des rapports de force électoraux ou, parfois, des contre-pouvoirs en gestation, la formule associative alors adoptée préfigurant des recompositions ultérieures des réseaux d'influence locaux.

Mais, que la dimension politique ait été très présente ou beaucoup plus discrète, l'émergence actuelle d'une foule de petites entités, en tant que supports organisationnels du tourisme vert, doit attirer l'attention sur trois points importants.

— En premier lieu la cohérence des pays touristiques avec les polarisations existant effectivement sur le territoire concerné n'est pas toujours assurée, loin s'en faut. Le danger est alors que l'aire d'extension ou le contenu de l'activité récréative soit en discordance avec les autres éléments du milieu local : identité vécue réellement par les habitants, composantes économiques traditionnelles, réseaux de relations habituels.

Poursuivant le raisonnement, on peut se demander quel type d'espace rural offre le cadre le plus adéquat pour une « touristification » optimale. A la limite, les milieux locaux exsangues seraient-ils les territoires « naturels » de la primauté touristique, accompagnée ou précédée d'une « mise en parc » ? Les idées lancées pour la renaissance de plusieurs secteurs très dépeuplés du Massif central semblent aller dans ce sens.

Les débats actuellement en cours en Auvergne, en Margeride, sur les Grands Causses, en Brenne ou dans le pays d'Horte-et-Tardoire, aux confins septentrionaux du Périgord, montrent que les programmes n'entraînent pas toujours l'adhésion des actifs locaux.

Guy Daudé évoque par exemple les réticences que provoque en Lozère la perspective d'un « Espace naturel européen », reposant sur l'introduction d'un « animal symbole » : le bison[1].

« L'identité de la Margeride est une identité paysanne, une identité culturelle de civilisation rurale autarcique. Comment faire comprendre à des familles de paysans âgés que l'essentiel de l'activité de leur commune, de leur canton, de leur pays doit basculer de l'économie agricole dans l'économie touristique ?

« Il est fondamental, poursuit G. Daudé, que soit maintenue la cohésion des populations locales, il faut éviter toute déchirure dans un tissu social incontestablement fragile. »

— L'émiettement identitaire des initiatives des micro-unités risque de conduire à une compétition pour la reconnaissance et le financement par les instances supérieures, qui peut aboutir à un saupoudrage de moyens, nonobstant les tentations du clientélisme.

— On remarque enfin que le touriste moderne, dont la mobilité est devenue un comportement fondamental, ne perçoit pas le particularisme local de la même façon que les protagonistes de ce dernier.

Tout d'abord le voyageur ou le séjournant abordent les valeurs identitaires lors d'un passage plus ou moins rapide. Ils les « consomment », avec une attention variable. La multiplication des concepts et des prestations particularistes, surajoutés au cours d'un déplacement, ne comporte-t-elle pas le danger de brouiller les impressions du touriste, de l'amener à apprécier son séjour sur des critères finalement étrangers au « pays » visité ?

Par ailleurs le tourisme vert ne peut avoir un rôle significatif dans le développement local que s'il monte en puissance et augmente sensiblement ses flux. A ce stade un effet de massification se produira, qui exigera de réduire l'émiettement des initiatives.

1. G. Daudé, La Margeride pays en quête d'avenir, in *Des régions paysannes aux espaces fragiles*, CERAMAC, 1992.

Cette évolution semble déjà clairement perçue par les responsables du tourisme de plusieurs régions ou départements. Ils s'efforcent de fédérer les initiatives de leurs « pays », mais surtout de développer un dialogue simple et cohérent avec leurs clientèles potentielles. Sont réalisées en particulier :

— La création de points centraux de promotion et de vente, au cœur des grandes agglomérations, notamment à Paris, ces « Maisons » étant couplées souvent avec une agence de voyages ;
— La définition d'un concept publicitaire unique et homogène.

Ainsi tendent à s'organiser en fait deux marchés de la récréation verte, dont les incidences sur le développement microrégional ne sont pas les mêmes et ne s'exercent pas dans les mêmes lieux :

— La prolifération des projets de type identitaire paraît bien adaptée au passage, au séjour familial et individuel et elle induit une valorisation de l'espace rural de type diffus ;
— La mise en marché centralisée de produits bien identifiés, à destination d'une clientèle urbaine ou étrangère, préfigure un tourisme vert plus massif, reposant à l'évidence sur des équipements plus ponctuels, mais ayant un impact local ou régional décisif.

2. **Tourisme et environnement.** — Tourisme et environnement, les termes étant considérés dans leur acception la plus large, comportent de nombreuses interférences, l'évolution récente de la demande des séjournants ou celle de leurs activités ludiques multipliant les exigences relatives à la « qualité » perçue ou réelle de l'espace rural.

— La mise en valeur du patrimoine naturel, sa conservation ou sa restauration deviennent un argument touristique. Mais, l'ensemble des campagnes peuvent avancer la carte du vert, de l'eau, de la Nature. Seules les communes qui offrent un environnement particulièrement attrayant et qui excellent à le faire savoir réussissent à fixer durablement les estivants.

— Inversement les installations et la vie touristiques sont génératrices de dégradations, de nuisances et de pollutions qui se font jour dès que la fréquentation prend de l'ampleur.

— En troisième lieu, l'essor touristique ouvre des domaines de confrontation avec les autres activités économiques, ce qui devrait conduire à une formulation explicite de ces risques de conflit dès l'établissement des projets.

Par exemple les rejets industriels : effluents, gaz, odeurs, fumées perturbent le touriste. Quant à l'altération des paysages ruraux par l'industrie, elle est multiforme, depuis les toits des établissements jusqu'aux carrières et sablières, en passant par les ruines d'usines abandonnées du textile, des cuirs et peaux, des briqueteries, fréquentes dans certaines zones.

Introduire le tourisme vert dans les programmes de développement local ou accélérer son expansion spontanée n'est donc pas une décision neutre. Les choix doivent être faits au terme d'un large inventaire des inconvénients et des avantages pour les secteurs économiques déjà en place, en recherchant un maximum de cohésion entre les acteurs.

3. **L'emploi touristique.** — Si dans les stations balnéaires ou montagnardes l'emploi touristique peut être assez précisément connu et prévu, il n'en est pas de même à la campagne, compte tenu des caractéristiques spécifiques de la fréquentation récréative. En effet, sa dispersion spatiale, son manque d'intensité bien souvent, la part qu'y prennent le travail familial

mal évaluable, le bénévolat et l'initiative publique ne permettent pas de chiffrer avec sûreté les retombées des loisirs ruraux sur l'emploi, qui demeurent l'objet de débats jamais définitivement tranchés, les uns lui attribuant une revitalisation et une diversification dans les communes qui en bénéficient, les autres insistant sur le petit nombre de postes de travail stables créés, eu égard en particulier aux investissements consentis.

On peut par exemple poser la question du « retour » des efforts financiers publics et du coût de chaque poste effectif en résultant. Il peut s'agir en effet :

— D'un emploi entièrement privé, totalement porté par des fonds personnels, qui dégage un revenu suffisant pour qu'il soit maintenu ;

— D'un poste de travail complètement tributaire des budgets publics, sans qu'il génère aucune rentrée d'argent ;

— D'un emploi créé sur investissements publics, mais financé en exploitation par la clientèle, qui rémunère un service de type marchand rendu par la collectivité.

Les emplois directs ne semblent pas poser de problème particulier (personnel des hôtels et des restaurants par exemple). Pourtant des glissements de fonction s'opèrent prêtant à des interprétations contradictoires. Par exemple les employés municipaux deviennent agents d'entretien dans les gîtes ou les campings communaux ou interviennent à temps partiel dans l'accueil des touristes.

Cependant le tourisme vert crée des professions entièrement nouvelles, qui ne souffrent aucune ambiguïté, par exemple les animateurs permanents, les guides, les agents d'exécution salariés des différents organismes de promotion. Ces postes sont un enrichissement incontestable pour l'espace rural car ils supposent des compétences qui, sans le loisir, ne seraient pas présentes dans les campagnes.

Les emplois indirects, induits en totalité ou partiellement par la récréation, se révèlent très divers. La structure du marché du travail touristique en zone rurale juxtapose des statuts multiples et ambigus, souvent évolutifs et instables : travailleur indépendant à temps partiel ou complet, aide familial, rétribué ou non rétribué, salarié à plein temps, salarié occasionnel ou saisonnier, apprentis et stagiaires, bénévoles.

Certains avancent l'hypothèse d'une relation entre ce caractère saisonnier de l'emploi touristique et les taux de chômage enregistrés localement, l'obtention d'un petit revenu pendant la saison touristique, combinée avec des prestations de type social pour le reste de l'année, faisant accepter à une partie de la population, les femmes notamment, des situations ambivalentes et précaires. De fait, en Charente-Maritime par exemple, les communes rurales proches du littoral, en particulier de Royan, enregistrent à la fois un taux de travail à temps partiel et un taux de chômage beaucoup plus élevés que celles de l'intérieur de Poitou-Charentes.

En 1986 le rapport officiel de H. Grolleau et A. Ramus insistait sur la complexité de la notion d'emploi touristique en milieu rural : « Les emplois générés ne sont que pour une très faible part des emplois spécifiquement touristiques. Pour la plupart ce sont des emplois industriels liés à la création des biens et services de loisirs, des emplois commerciaux, des emplois de services, des emplois d'accueil ou des emplois administratifs. »[1]

Une telle analyse conduit à ne pas considérer uniquement en termes quantitatifs les retombées du tou-

---

1. In *Espace rural, espace touristique*, La Documentation française.

risme vert sur l'emploi. A notre sens il faut surtout prendre en compte trois données complémentaires :

— L'autofinancement des emplois privés et les bénéfices qu'ils génèrent, seuls capables d'assurer leur pérennité ;
— Le retour sur investissement pour les emplois publics, l'idéal étant que la prestation consentie soit à court terme rentable pour les collectivités initiatrices ;
— La qualification des personnes et les formations nécessaires pour adapter les compétences à une demande évolutive de la part de la clientèle.

II. — Exemples d'insertion
d'un programme d'équipement touristique
dans un projet de développement global

Les deux exemples retenus, choisis à deux échelons différents, illustrent un même souci d'insérer rationnellement les décisions à finalité touristique dans un programme cohérent de développement local.

1. **Mouton Village en Deux-Sèvres.** — Dans la Gâtine deux-sèvrienne, entre Poitiers et Parthenay, la commune de Vasles (1 600 habitants) est au cœur d'une zone importante d'élevage ovin. Le bourg-centre, qui n'atteint pas le millier d'habitants, se situe dans un espace rural traditionnel, sans présence industrielle, pas plus qu'il n'est un carrefour privilégié. Cependant une vie associative assez intense s'y est épanouie depuis longtemps, comme d'ailleurs dans l'ensemble du canton, Ménigoute.

C'est une association spécifique, *Mouton Village,* qui a lancé et qui mène encore l'opération, en collaboration étroite avec la municipalité de Vasles. Élus, agriculteurs, commerçants, artisans initiateurs du projet appartiennent en fait aux deux structures.

Le programme d'ensemble comporte d'abord une série de réalisations pour la valorisation de la production ovine :

— Une station de testage des béliers ;
— Un groupe cantonal d'éleveurs de référence pour étudier *in situ* tous les éléments économiques et techniques ;
— Un système de location de troupeaux, les jeunes éleveurs prenant à bail les bergeries appartenant à des agriculteurs plus âgés, volontaires pour cesser ainsi progressivement leur activité ;
— Construction d'un marché couvert moderne ;
— Démarrage d'une unité agro-alimentaire de valorisation innovante de la viande de mouton.

Le volet touristique de ce projet de développement local repose sur un pôle d'animation organisé autour des thèmes récréatifs et culturels se rattachant à l'élevage vasléen.

— Le *Jardin des agneaux* est établi dans un espace d'environ 6 ha proche du bourg. Il présente aux visiteurs des groupes d'animaux (agneaux et adultes) appartenant aux races communes ou rares de France et du monde entier. Ces échantillons sont logés dans des enclos rustiques qui ont été conçus et édifiés par des artisans du cru. Le public visé est double : scolaire, à des fins pédagogiques, mais aussi touristes, notamment en été. Un équipement électronique bien étudié permet une visite libre, ceci grâce à un réseau de bornes déclenchant le commentaire approprié lorsque le visiteur arrive face au parc de chaque race représentée.

Le succès de cette formule et de la *Galerie de la Toison d'Or*, qui vient d'être ouverte, ne cesse de croître, les 10 000 entrées étant atteintes.

— Une *Maison du mouton* est en cours de réalisation pour pouvoir accueillir toutes les initiatives autour du thème de référence : musée, vulgarisation culturelle, promotion économique, espace gastronomique. Une prestation globale comprenant visites, promenades et repas, est d'ailleurs déjà proposée à un public varié, surtout régional.

— Enfin l'aménagement de la partie centrale du bourg et de la voie de liaison avec le Jardin des agneaux doit offrir aux visiteurs un cadre attractif les incitant à s'attarder.

Outre le complexe de Mouton Village, Vasles a amorcé la mise en valeur d'une *Route verte* qui draine-rait un flux de touristes séjournant en Poitou et dési-reux de se déplacer entre les deux pôles ludiques majeurs que sont le Futuroscope et le Marais poitevin.

Le financement de l'ensemble de ce programme illustre parfaitement la nécessité d'un montage très soi-gneux des dossiers, puisque tous les types de crédits ont dû être mobilisés à travers une procédure de contrats : commune, Conseil général des Deux-Sèvres, région Poitou-Charentes, État, Fonds européens.

Ainsi, en liant élevage, artisanat et innovation récréative, Mouton Village apparaît comme une opé-ration raisonnée de dynamisation d'un milieu rural qui, certes, n'avait pas complètement perdu sa sub-stance humaine mais qui reste marqué par des pesan-teurs classiques : vieillissement de la population, crise du petit commerce, atonie de l'emploi endogène.

2. **Un programme de mise en valeur touristique glo-bal : la vallée du Lot.** — Le bassin versant du Lot réu-nit des paysages d'une extraordinaire variété : hautes terres cristallines et causses en Lozère, gorges pro-fondes de la vallée principale et de ses affluents en Aveyron, méandres encaissés de part et d'autre de Cahors, large plaine et coteaux secs des serres de l'Age-nais. A cette diversité attractive des sites s'ajoute l'exis-tence d'éléments monumentaux et architecturaux de

première grandeur : abbatiales et abbayes célèbres, châteaux, bastides et villes typiques, telles que Mende, Espalion, Figeac ou Cahors.

L'idée d'une valorisation touristique concertée a émergé il y a une vingtaine d'années. Une *Association pour l'aménagement de la vallée du Lot* fut créée et une première opération, *Lot rivière claire,* lancée. Puis des structures officielles adaptées virent le jour, d'abord sous la forme de groupements de communes d'ampleur et de poids inégaux, conduits par tel ou tel homme politique. Actuellement une *Entente interdépartementale du bassin du Lot* réunit les cinq départements concernés et négocie avec les quatre régions sur lesquelles s'étend le cours de la rivière : Aquitaine, Auvergne, Languedoc-Roussillon, Midi-Pyrénées.

Il est à noter que cette structure nouvelle était la condition *sine qua non* de l'avancement d'un programme global coordonné car pour chacun des Conseils régionaux intéressés les territoires appartenant au bassin du Lot risquaient d'être considérés comme très périphériques par rapport aux villes principales, voire par rapport aux espaces ruraux les plus peuplés.

L'action convergente des institutionnels a permis de motiver une intervention importante de la CEE, d'abord au titre des PIM, puis des objectifs 2 et 5*b*.

La démarche de développement touristique global atteint aujourd'hui sa maturité avec l'adoption d'un programme cadre interrégional pour valoriser une *Entité géotouristique du bassin du Lot,* couvrant quelque 13 000 km², l'enveloppe totale prévue se chiffrant à 1 740 millions de francs.

L'intérêt méthodologique de ce programme pour l'observateur du devenir du tourisme vert nous semble assez remarquable car il situe les réalisations récréatives dans un plan d'action général visant à démultiplier l'efficacité des investissements consentis.

— Le sous-programme désenclavement routier prévoit deux améliorations vitales du système de circulation régional : d'abord une meilleure intégration aux flux méridiens s'écoulant par l'axe de la RN 20 (future autoroute A20) et par celui de la RN 9 - A 75 ; ensuite la création d'une véritable route de la vallée du Lot, permettant en particulier aux autobus, caravanes et camions de se déplacer facilement.

— Le sous-programme accompagnement économique met l'accent sur les produits et les métiers susceptibles d'une meilleure valorisation par la recherche de la qualité et du faire-savoir (agro-alimentaire, gastronomie régionale, artisanat d'art).

— Le volet environnement comporte en priorité des mesures destinées à réduire la pollution et à augmenter la propreté des eaux jusqu'à obtenir partout la possibilité de baignade. S'y ajoutent de nombreuses réalisations ponctuelles, telles que l'assainissement des villages, la lutte contre la pollution agricole ou industrielle existantes.

Le plan d'équipement touristique est focalisé par la rivière, qui est déjà un axe ludique majeur et qui constitue désormais l'élément le plus attractif de l'image perçue de cette zone.

— L'objectif principal est de faire du Lot une artère importante de la navigation de plaisance et des disciplines sportives telles que le canoë-kayak. Les actions inscrites doivent porter le parcours navigable des 64 km actuels à 280, la dernière halte amont étant établie au droit de Conques, en Aveyron. Les études estiment les retombées prévisibles de cette mise en navigabilité du Lot à au moins 80 millions de francs par an.

Mais les investissements à envisager pour aménager les infrastructures fluviales sont considérables : de l'ordre de 460 millions (écluses, passages, biefs, construction de haltes et de ports).

— Outre la navigation, la pêche, les sites de baignade, les sentiers de randonnée seront développés. Cependant le Lot souffre d'une insuffisance chronique de ses débits d'étiage. Aussi s'agit-il d'imaginer une nouvelle gestion du potentiel hydraulique, en particulier grâce à un partenariat constant avec EDF qui exploite de nombreux barrages sur le haut bassin versant.

Une première tranche de réalisations porte sur 800 millions de francs. Ils proviendront à hauteur de

47,5 % des financements locaux ou régionaux et pour 52,5 % des structures de niveau supérieur.

Au total le programme interrégional vallée du Lot revêt un intérêt décisif pour cette vaste zone de contact entre le Massif central et les plaines garonnaises. Mais il offre aussi à l'observateur attentif un véritable cas d'école, portant sur l'impact de l'essor touristique actuel sur une économie rurale typique de la France du vide, marquée par la crise du monde agricole, par la déstructuration du tissu artisanal et commercial et par le vieillissement de la population.

Chapitre X

VERS
UN NOUVEAU TOURISME VERT ?

L'analyse des faits, observés à l'échelon local ou régional, comme au niveau national, indique à l'évidence que la décennie 1985-1990 a vu s'opérer un changement multiforme en matière de tourisme en espace rural, qui apparaît donc en voie de mutation profonde sur plusieurs points majeurs :

— En premier lieu sa nature même est remise en question, du fait de l'amplification en cours de la fréquentation ludique des campagnes et de l'intervention d'acteurs de plus en plus variés : agriculteurs, ruraux en général, secteur commercial, voire capitalistique ponctuellement. L'agritourisme moderne lui-même a acquis une place dans les stratégies de certaines exploitations complètement différente du rôle, économiquement ambigu, des loisirs à la ferme initiaux.

— En second lieu, le succès du tourisme vert a obligé ses protagonistes à accepter des procédures de mise en marché de type commercial, c'est-à-dire à réaliser un effort de rationalisation et d'homogénéisation de l'offre, pour satisfaire une demande ludique s'exerçant de plus en plus selon les mêmes logiques que celles s'appliquant aux autres destinations touristiques. L'interrogation à venir porte sur l'évolution finale : à moyen terme le tourisme rural sera-t-il condamné à offrir des « produits » ludiques calqués

sur ceux des espaces concurrents mer, montagne, circuits, étranger ?

— Enfin, cette dynamique uniformisante ne
conduira-t-elle pas tous les acteurs, en particulier les
agriculteurs, à une professionnalisation accentuée,
remettant peut-être en cause les images séduisantes de
l'accueil paysan, de la symbiose agriculture-tourisme,
qui avaient été fondatrices de la popularité et de l'essor
des vacances vertes ?

I. — Une demande en mutation
et plus exigeante

On constate d'abord une augmentation généralisée
de la fréquentation touristique des campagnes, que
toutes les enquêtes ont datée des années 1990-1991.
Dans plusieurs régions cette densification a fait apparaître à la fois des problèmes (phénomènes de saturation ponctuelle ou plus large) et des espoirs nouveaux, le tourisme vert créant des emplois saisonniers
ou permanents et un véritable revenu pour certaines
professions.

Cependant, la nature même de la clientèle se modifie
par diversification de ses origines et de ses attentes :

— Les catégories traditionnelles continuent d'être
largement présentes, qu'il s'agisse d'émigrés, récents
ou plus anciens, issus de la région ou d' « habitués »
dont les comportements et les exigences ne changent
guère. Ces séjournants représentent encore le fonds le
plus sûr et le plus stable des secteurs du rural « profond ». Assez souvent propriétaires d'une résidence
secondaire, hébergés chez des parents ou des amis,
logés en meublé ou en gîte, fréquentant les hôtels et les
restaurants moyens ou modestes, ils se satisfont de
prestations « classiques » en matière de services et
d'animation récréative. Leurs distractions sont

d'abord individualistes et familiales. En contrepartie, ils participent imparfaitement à la monétarisation en cours du tourisme vert, leur motivation principale étant de pouvoir continuer de trouver à la campagne des conditions de séjour et des activités récréatives moins onéreuses que dans les territoires ludiques majeurs : mer ou montagne.

— Les nouvelles clientèles touristiques de l'espace rural sont encore imparfaitement connues. En particulier une incertitude subsiste sur leur effectif réel et sur leur stabilité d'une année sur l'autre. Cependant il semble bien qu'elles marquent certaines régions par une forte présence numérique, allant même jusqu'à y marginaliser les vacanciers anciens, et par des comportements ludiques et des exigences « modernes ». On peut évoquer à cet égard l'arrière-pays provençal, les Alpilles, le Lubéron, le Périgord, mais aussi une diffusion large de ces catégories du fait de la vogue renouvelée du vert.

— Partout en France deux autres segments de clientèle paraissent faire de plus en plus souvent appel à l'hébergement rural, y compris chez les agriculteurs qui le pratiquent : celle des courts séjours et celle des itinérants. Si leur désaffection relative vis-à-vis de l'hôtellerie classique devait se confirmer, il y aurait là un domaine nouveau qui serait à structurer rationnellement, tant sur le plan des filières de promotion que sur celui des prestations à offrir ou des rapports avec les milieux hôteliers.

— Enfin, l'espace rural peut espérer un afflux croissant d'étrangers, principalement d'origine européenne, les résidences secondaires et le camping constituant les modes d'hébergement les plus appréciés.

On assiste donc aujourd'hui à un incontestable élargissement de la clientèle touristique des campagnes. Dans le même temps les exigences et les comportements de celle-ci deviennent plus complexes. Les acteurs du tourisme vert doivent partout s'adapter à des besoins nouveaux ou satisfaire des aspirations peu exprimées avant les années 1990 :

— Les touristes actuels sont de plus en plus mobiles, ce qui entraîne un raccourcissement des séjours qui, d'un autre coté se multiplient. Ainsi les Parisiens effectueraient en moyenne 6,6 départs en court séjour par an. Pour l'ensemble des Français ceux-ci augmenteraient maintenant au rythme de 5 % l'an.

Cette mobilité accrue suppose une évolution raisonnée des pratiques d'hébergement en milieu rural. Les offres de locations longues doivent être scindées, ce qui impose à la fois une approche renouvelée des prix et des filières de mise en marché et certaines modifications techniques.

Si on considère que 43 % des courts séjours se déroulent à la campagne et que la grande majorité d'entre eux (au moins 70 %) se localisent encore chez des parents ou des amis, on peut voir là un créneau neuf pour l'accueil rural.

— Un second changement fondamental est observé dans les exigences des touristes actuels, qui tendent à demander plus de confort et de qualité du contact humain. Toutes les observations sur les taux de remplissage soulignent l'actualité et la force de ces aspirations, qu'il s'agisse du camping, des hôtels ou des hébergements chez l'habitant.

Pourtant les touristes recherchent des prix compétitifs.Tout se passe donc comme si les nouvelles clientèles du tourisme rural faisaient le choix délibéré d'un séjour à la campagne, mais en souhaitant y trouver des prestations analogues à celles des autres sites ou des villes. Cette attitude semble particulièrement représentée parmi les étrangers, dont les critiques évoquent en priorité le manque de confort ou d'hygiène de certains hébergements, la mauvaise qualité de l'environnement local ou les déficiences de l'information.

— Des activités ludiques doivent être proposées parallèlement à l'accueil ou au logement, les touristes actuels attendant celles-ci aussi bien à l'échelon de la petite région qu'à celui du prestataire individuel avec lequel ils sont en rapport immédiat. Il semble en particulier qu'on exige de ce dernier une disponibilité sans cesse accrue, qu'il s'agisse de camping, de chambres d'hôtes ou de gîtes.

— Enfin, beaucoup de candidats au tourisme ou aux loisirs verts demandent des prix forfaitaires, leur permettant de circonscrire exactement leur budget vacances et d'opérer des comparaisons simples avec d'autres destinations, rurales ou non.

L'avenir prévisible annonce une accentuation des tendances les plus récentes, qui s'affirment et qui se généralisent, alors que les aspects les plus empiriques du tourisme vert s'estompent, tout comme ses références idéologiques ruralistes ou son coté « populaire ». En quelque sorte la campagne passe du registre d'une récréation rudimentaire et de pénurie au stade d'une fréquentation de plaisir et de choix.

En effet, les comportements ludiques modernes s'y répandent de plus en plus, caractérisant à la fois les clientèles nouvelles, mais aussi des franges progressivement plus larges des séjournants anciens, soit qu'ils adoptent maintenant des valeurs de la société de consommation, soit que celles-ci apparaissent à travers leurs enfants, peu à peu détachés des archéo-loisirs campagnards.

Divers sondages ont montré qu'à l'horizon d'une décennie l'espace rural conserverait la faveur dont il jouit actuellement. Chez les jeunes par exemple, il assure 20 % des vacances de printemps, 13,5 % de celles de l'été et 31 % des départs d'automne, attrait qui se situe cependant bien en deçà de celui des litto-raux (57 % des séjours estivaux des jeunes). Mais on sait que les campagnes restent très prisées des familles, y compris des plus récemment formées. On peut donc espérer que les adolescents, devenus adultes à leur tour, constitueront une réserve potentielle stable pour le tourisme vert.

II. — L'évolution en cours de l'offre

En regard de l'évolution numérique et qualitative de la clientèle, l'offre souffre d'émiettement et d'un manque certain d'homogénéité, conduisant à une mise en marché souvent aléatoire qui retentit sur les taux de remplissage effectifs.

La situation la plus répandue est celle d'une com-mercialisation individuelle, qui se fait de façon plus ou moins empirique : panneaux au bord des routes, affi-liation à des associations diverses, inscription dans des guides spécialisés et, très largement encore, par le bouche à oreille. Ces procédés artisanaux n'ont pas que des inconvénients car ils permettent notamment de fidéliser une clientèle d'habitués qui apprécie la per-sonnalisation des rapports humains et le coté familial de ses séjours à la campagne.

L'offre individuelle convient tant que les revenus que procure le tourisme ne constituent que des res-sources d'appoint, dont on peut accepter une certaine irrégularité. Mais elle se révèle très vite insuffisante dès que sont mises en place des unités d'hébergement ou de récréation nécessitant de véritables investissements lourds. Il convient alors d'augmenter fortement le pro-duit brut touristique et donc d'attirer une clientèle nombreuse pendant la durée la plus longue possible.

Interviennent alors les réseaux collectifs : associa-tions sous l'égide des organisations professionnelles agricoles, collectivités locales, Comités du tourisme, opérateurs semi-privés. Ces institutionnels du loisir vert se multiplient depuis quelques années, comme le prouve la progression rapide des investissements de tous types. Ainsi à la fin de 1991, sur 680 projets en cours d'étude ou de réalisation, un cinquième environ concernaient le milieu rural.

Cependant, la répartition de ces investissements sur le territoire traduit bien les évolutions récentes vers un tourisme de plus en plus intégré aux logiques commerciales. En effet, les projets localisés en zone rurale présentaient trois caractères spécifiques : leur coût unitaire important, qui les éloigne du concept séduisant d'une symbiose agriculture tourisme ; leur situation périurbaine ou périlittorale ; leur implantation dominante dans des régions marquées par la massification des loisirs : Ile-de-France, Rhône-Alpes, Provence.

Au total il semble bien que la mutation actuelle de l'offre de récréation ou d'hébergement dans l'espace rural aboutisse à la constitution de deux groupes d'intervenants :

— Un nombre croissant d'agriculteurs et de ruraux, séduits par la perspective de ressources d'appoint ou d'un authentique second revenu, qui proposent des prestations strictement individuelles, dont l'offre demeure très émiettée ;
— De véritables entrepreneurs du tourisme vert, créateurs de centres ludiques de toute taille : grands campings-caravanings, parcs animaliers, musées de terroir, parcs multi-activités.

La logique la plus poussée de l'association du mythe naturophile et de la valorisation commerciale rationalisée est représentée par le système des Center Parcs qui regroupe 7 domaines aux Pays-Bas, 3 en Angleterre, 1 en Allemagne et 2 en France : les Bois-Francs en Normandie et les Hauts-de-Bruyère en Sologne.

« Votre cottage, c'est la maison sous les arbres dont vous avez toujours rêvé pour vous retrouver en famille ou entre amis : un cottage tellement bien intégré dans la nature qu'il vous donne l'impression d'être seuls au monde », affirme une brochure des Center Parcs. En regard de cette idéologie du vert et du silence, le concept d'activité ludique moderne permet de jouer sur l'autre volet des motivations profondes d'une clientèle essentiellement urbaine, en lui proposant de nombreux sports à la mode, un « paradis aquatique tropical » ou un thème diététique-gastronomie.

Cependant, certains ruraux engagés dans les activités touristiques ont pris conscience en nombre croissant de la nécessité d'attirer un public important et ont entrepris l'installation de véritables centres ou parcs de loisirs. Celui des *Petites Minaudières,* situé à une dizaine de kilomètres de Châtellerault illustre bien cette démarche vers une spécialisation autour des activités de récréation.

L'exploitation agricole initiale rassemblait une soixantaine d'hectares, dont 38 en espaces plus ou moins boisés. De plus le sous-sol, souvent imperméable, permettait de créer aisément une ou plusieurs retenues d'eau.

Le propriétaire, fixé dans les années 1970, a fait œuvre de pionnier de la récréation en espace rural en livrant d'abord deux étangs de pêche au public local (Poitiers, Châtellerault). Puis, en conservant une base essentiellement personnelle à son entreprise, il a édifié un petit complexe de loisirs familiaux et populaires. Aujourd'hui deux types d'équipements assurent une fréquentation régulière, s'étalant d'avril à septembre :

— des terrains de jeux et de sport, des plans d'eau, des sentiers et des pistes cavalières attirent les fervents de l'activité physique ;
— des structures d'accueil (camping, chalets, salles de réunion, barbecues géants, gîte rural fidélisent la clientèle.

Cette expérience assez remarquable n'est plus unique dans la région poitevine, des ensembles récréatifs privés et publics ayant été crées à proximité, alors que l'énorme complexe du Futuroscope provoque le déferlement de nouveaux visiteurs, afflux par rapport auquel le positionnement du tourisme rural est délicat.

III. — **Vers une professionnalisation accrue des acteurs**

Le tourisme vert, en particulier l'agritourisme, se trouve aujourd'hui à un tournant. Certains agriculteurs, y compris parmi les pionniers des années 1970, ont abandonné l'accueil car ils étaient incapables de maîtriser les sujétions qui en découlaient ou parce qu'ils en jugeaient les revenus décevants. Mais, d'un autre côté, les nouveaux arrivants sur le marché des prestations de loisir et ceux qui ont poursuivi leurs efforts constituent désormais un groupe qui affirme clairement le choix de l'accueil et de l'hébergement comme complément ou diversification du travail agricole. Ainsi 27 % des exploitants pratiquant l'agritourisme considèrent déjà que les rentrées financières provenant de celui-ci sont au moins aussi importantes pour eux que la culture ou l'élevage ; 36 % prévoient que ces sommes dépasseront les autres produits monétaires de leur ferme d'ici cinq ans.

Il s'agit donc bien d'une orientation vers un professionnalisme accru, laquelle est plus évidente encore pour les acteurs non agricoles valorisant des flux touristiques locaux, même si les emplois permanents qu'ils génèrent directement ou indirectement sont difficiles à mesurer.

— La demande générale d'une plus grande qualité des prestations et des services conduit à des investissements de plus en plus importants, dont il convient d'assurer la rentabilité, notamment en essayant d'attirer une clientèle dense et en accentuant les marges bénéficiaires.Tous les postes sont touchés par la diversification et l'alourdissement des dépenses : l'immobilier support, les loisirs et les spectacles, les frais de personnel (accueil, animation, service, entretien).

— Les responsables du tourisme vert s'efforcent aussi de satisfaire la recherche de prix tout compris en offrant des produits récréatifs originaux, bien identifiés en matière de durée, d'activités offertes et de coût. Or, nous l'avons déjà souligné, la mise en marché de ces formules exige une qualité homogène qui perdure dans le temps. C'est là un facteur supplémentaire d'organisation et de maîtrise, de la part des ruraux engagés dans le tourisme.

Le temps semble donc s'éloigner où l'accueil à la ferme et au village apparaissait d'abord comme l'affaire de retraités loueurs de meublés modestes de petits agriculteurs non conformistes, souhaitant « voir du monde » pendant l'été, ou d'édiles pionniers tentant de valoriser une idée originale, que faisait découvrir aux citadins en mal de vert la célèbre émission de Pierre Bonte : *Bonjour Monsieur le Maire.*

CONCLUSION

En dépit de ses transformations récentes, le tourisme en espace rural demeure encore assez souvent tributaire des contenus idéologiques ou subjectifs qui ont présidé à son expansion d'après 1960. Ces jugements ou ces appréciations plus ou moins biaisés émanent des observateurs extérieurs, mais aussi parfois des ruraux eux-mêmes qui ont tendance à accepter, sans s'y appesantir beaucoup, l'axiome rassurant d'une vocation touristique, qui serait une alternative naturelle aux difficultés conjoncturelles ou structurelles qu'ils connaissent. Cependant, s'il paraît aujourd'hui bien engagé, l'avenir du tourisme vert doit susciter trois types de réflexions :

— La première porte sur sa nature et son objet. En effet, on assimile sans doute trop facilement tourisme rural et agritourisme. Or, les 12 000 à 15 000 exploitants qui se consacrent peu ou prou à l'accueil sont loin de représenter la majorité des prestataires d'activités ludiques à la campagne. Dès lors la récréation verte devrait être conçue comme un facteur du développement local dans son ensemble.

— La clientèle du tourisme rural provenant d'abord des grandes agglomérations, celui-ci devient l'occasion d'un processus d'échanges complexes et élargis entre populations citadines et habitants des petites communes. Ainsi, à côté de l'attraction urbaine en matière de commerce moderne et de travail, la fréquentation ludique des campagnes contribue à accentuer leur dépendance à l'égard des espaces urbanisés proches ou lointains. Comment situer les décisions touchant au tourisme vert ? Dans une politique très globalisée de la ville ? Ou dans le cadre d'une lutte contre la « désertification » rurale ?

— Enfin l'avenir de la récréation verte sera directement conditionné par son degré d'intégration à l'économie touristique globale, mais aussi par la nature des opérateurs : particuliers et petits entrepreneurs indépendants, collectivités publiques et associations sans but lucratif, grands groupes du secteur des loisirs.

BIBLIOGRAPHIE

Béteille R., La valorisation touristique de l'espace rural, *Information géographique,* 1992, n° 5.

Cazes G., Lanquar R. et Raynouard Y., *L'aménagement touristique,* PUF, «Que sais-je?», 1993.

Clary D., *Le tourisme dans l'espace français,* Masson, 1993.

Couturier I., *La diversification en agriculture (aspects juridiques),* L'Harmattan, 1994.

ENA, *L'aménagement de l'espace rural,* La Documentation française, 1993.

Faure A., *Le village et la politique, essai sur les maires ruraux en action,* L'Harmattan, 1992.

Gerbaux F., Muller P., Faure A., *Les entrepreneurs ruraux,* L'Harmattan, 1989.

Grolleau H. et Ramus A., *Espace rural, espace touristique,* La Documentation française, 1986.

Lazzarotti O., *Les loisirs à la conquête des espaces périurbains,* L'Harmattan, 1995.

Martin-Cruz J. A., *L'agrotourisme dans la* CEE*: utopie et réalité,* Bureau européen du tourisme, 1991.

Moinet F., *Le tourisme rural,* Éditions de la France agricole, 1993.

Rauch A., *Les vacances des Français,* PUF, «Que sais-je?», 1993.

Revue d'Auvergne, *Tourisme vert et tourisme d'espace,* 1995, numéro spécial.

Viard J., *Penser les vacances,* Actes Sud, 1984.

TABLE DES MATIÈRES

Imprimé en France
Imprimerie des Presses Universitaires de France
73, avenue Ronsard, 41100 Vendôme
Juillet 1996 — N° 42 686